AF342939

PUBLICATIONS
DE L'ÉCOLE NATIONALE DES LANGUES ORIENTALES VIVANTES

BIBLIOGRAPHIE
DES OEUVRES
DE
IGNACE GOLDZIHER

PAR

BERNARD HELLER

PROFESSEUR À L'ÉCOLE RABBINIQUE DE HONGRIE, À BUDAPEST

(AVEC UNE INTRODUCTION BIOGRAPHIQUE DE M. LOUIS MASSIGNON)

PARIS
IMPRIMERIE NATIONALE

LIBRAIRIE ORIENTALISTE PAUL GEUTHNER
RUE JACOB, 13 (VIᵉ)

MDCCCCXXVII

LIBRAIRIE ORIENTALISTE PAUL GEUTHNER.

RUE JACOB, 13. PARIS (VIᵉ).

DJÀMI. Le Béharistàn, traduit pour la première fois du persan en français par Henri MASSÉ. 235 pages in-12, 1925 . . . . **30 fr.**

Introduction (vie de Djàmi; ses œuvres; son lyrisme; le Béharistàn). — LE BÉHARISTÀN : Préface de Djàmi. — Premier jardin (mysticisme). — Deuxième jardin (morale pratique). — Troisième jardin (politique). — Quatrième jardin (traits de générosité). — Cinquième jardin (amour). — Sixième jardin (bons mots). — Septième jardin (poésie). — Huitième jardin (contes d'animaux). — Épilogue. — NOTES. — INDEX.

Le *Béharistàn* de Djàmi se rattache à un groupe d'ouvrages persans, mélange de prose et de vers, dont les auteurs s'inspirent plus ou moins du célèbre *Gulistàn* ou *Jardin des Roses*, terminé par Saadi en 1258. Les plus connus de ces ouvrages sont, outre le Béharistàn, les Parterres du Paradis (*Rawdh-ol-Khold*) de Mawlànà Madj; le Parterre des amoureux (*Rawdhat-ol-ahbàb*) de Saili (1518); la «galerie de peinture» (*Nigàristàn*), en sept chapitres, terminé en 1355 par Moin-od-Din Jowaïnî; le Nigàristàn, en huit chapitres, terminé en 1532 par Chams-od-Din Ahmad ibn Solaïman Kamalpachazàdeh (mort en 1534), dédié à Ibrahim pacha, vizir du sultan ottoman Solaïman Iᵉʳ, ouvrage d'un style savant et difficile, émaillé de jeux de mots et de citations empruntées particulièrement au Gulistàn de Saadi; enfin une œuvre plus récente, le *Kitàb-è-parichàn* de Qaani, l'un des meilleurs poètes persans du xixᵉ siècle, mort à Téhéran en 1854.

De tous ces livres, le plus remarquable est sans contredit le *Béharistàn* de Djàmi dont le titre signifie «printemps» ou plutôt «jardin printanier».

Collection «Les Joyaux de l'Orient», tome Iᵉʳ.

DJÀMI. Youssof et Zuleikha, trad. par A. BRICTEUX. In-12, 1927, sous presse . . . . **30 fr.**

Les Joyaux de l'Orient, tome IV.

HUART (CL.). Histoire des Arabes, 2 vol. (IV, 381 et 512 pages), avec carte, gr. in-8°, 1912 . . . . **125 fr.**

I. Configuration de l'Arabie. — II. Mœurs et coutumes des Arabes. — III. Histoire primitive de l'Arabie. — IV. Les rois de Ghassan et de Hira. — V. La Mecque avant Mahomet. — VI. Mahomet. — VII. L'Émigration à Médine. — VIII. Organisation de la société musulmane. — IX. Khalifat d'Abou Bekr. — X. Les trois Khalifes orthodoxes, successeurs d'Abou Bekr : 'Omar, 'Othman, 'Ali. — XI. Les Oméïyyades. — XII. La prédication abbaside. — XIII. Khalifat des Abbasides. — XIV. Le Khalifat de Bagdad sous la domination des Émirs Al Omara. — XV. Aghlabites en Tunisie, Toulounides en Égypte, Hamdanides à Alep. — XVI. Les Fatimites. — XVII. Les Khalifes de Bagdad depuis Mostakfi. — XVIII. Institutions politiques et économiques. — XIX. Les Eyyoubites. — XX. Les Mamlouks turcs ou Bahrites. — XXI. Les Mamlouks circassiens. — XXII. Relations diplomatiques avec les puissances d'Occident. — XXIII. L'Espagne et le Maghreb. — XXIV. Les guerres civiles en Espagne. — XXV. Les petits états musulmans d'Espagne. — XXVI. Les Almoravides. — XXVII. Fin de la domination des Arabes en Espagne. — XXVIII. La dynastie saadienne au Maroc (1511-1670). — XXIX. Les Chérifs hasaniens de Sidjilmàssa. — XXX. Le Yémen. — XXXI. Histoire de l'Oman. — XXXII. Histoire des Wahabis. — XXXIII. Les Arabes au Soudan. — XXXIV. Le Mahdi. — XXXV. Les Lettres chez les Arabes. — XXXVI. Les Sciences chez les Arabes.

NICOLAS (A.-L.-M.). Essai sur le chéïkisme, fasc. 1 : Cheikh Ahmed Lahçahi, xv-72 pages, pet. in-8°, 1910 . . . . **12 fr.**

Sa naissance, son enfance, ses songes. — Ses premiers voyages, ses succès, S. M. le Chah le mande à Téhéran. — Séjour à Téhéran, départ pour Yezd, nouveaux voyages et nouveaux pèlerinages, la réputation du cheikh va grandissante, mais commence à être attaquée, ses «licences», son pèlerinage à la Mekke. — Le cheikh à Quazvine, il est excommunié publiquement, ses luttes, sa mort. — L'œuvre littéraire du cheikh Ahmed.

— *Idem :* fasc. 2 : **Séyyèd Kazem Rechti,** 63 pages, in-12, 1914 . . . . **12 fr.**

I. Luttes entre les Bala-Séri et les Cheikhis. — Séyyèd Kazem Rechti. — II. OEuvres de Séyyèd Kazem Rechti. — III. Les prédictions chéïkhies. — IV. Quelques extraits des œuvres de Séyyèd Kazem Rechti.

— *Idem :* fasc. 3 : **La Doctrine,** 69 pages, gr. in-8° (tirage à part de la *Revue du monde musulman*), 1911 . . . . **12 fr.**

— *Idem :* fasc. 4 : **La Science de Dieu,** traduction, LII-97 pages, in-12, 1910 . . . **12 fr.**

Avant-propos. — De l'origine de la discussion. — Il n'y a pas pour Dieu d'état d'attente. — Des attributs essentiels de Dieu. — De la relation qui existe entre ce qui est susceptible de changement. — De l'antériorité de Dieu sur la créature. — La science de Dieu sur les choses est antérieure à la volonté. — Explication de la relation essentielle et de la relation accidentelle. — Signification de la science de Dieu sur les choses.

Cheikh Ahmed se trouve en opposition avec les Chiites Esna Achéris sur au moins quatre questions. Ses doctrines se trouvent exposées dans l'avant-propos du présent ouvrage; pour l'étude de sa théorie et de sa conciliation avec le chiisme nous suivons le «Traité pour répondre à quelques idées erronées des Hommes au sujet de la *Science de Dieu*» écrit par *Abd-ous-Samed ibn Mohammed Hocéin Hamadani.*

— **Séyyèd Ali Mohammed, dit le Bab :** le Béyan persan, traduit du persan par A.-L.-M. NICOLAS. 4 vol. in-12, 1911-1914 . . . . **90 fr.**

Tome Iᵉʳ, xxxii-148 pages, 1911. — Tome II, 174 pages, 1913. — Tome III, x-162 pages, 1913. — Tome IV, 185 pages, 1914. — Chaque volume peut s'acheter séparément au prix de 22 fr. 50.

NICOLAS (J.-B.). Dialogues persans-français accompagnés de notes sur les principales règles de la grammaire persane, et sur certaines locutions et idiotismes propres à cette langue, 2ᵉ édition revue et augmentée, VIII-327 pages, gr. in-8°, 1906 . . . . **75 fr.**

[OMAR] KHÈYAM. Les Quatrains de Khèyam, [texte persan] et trad. par J.-B. NICOLAS. xv-229 pages, gr. in-8°, 1867 . . . . **100 fr.**

Seule édition européenne donnant le texte persan d'Omar Khèyam.

PUBLICATIONS

DE

L'ÉCOLE NATIONALE DES LANGUES ORIENTALES VIVANTES

VIe SÉRIE. — VOL. I

BIBLIOGRAPHIE

DES OEUVRES

DE

IGNACE GOLDZIHER

I. Goldziher

BIBLIOGRAPHIE

DES ŒUVRES

DE

IGNACE GOLDZIHER

PAR

BERNARD HELLER

PROFESSEUR À L'ÉCOLE RABBINIQUE DE HONGRIE, À BUDAPEST

(AVEC UNE INTRODUCTION BIOGRAPHIQUE DE M. LOUIS MASSIGNON)

PARIS

IMPRIMERIE NATIONALE

LIBRAIRIE ORIENTALISTE PAUL GEUTHNER

RUE JACOB, 13 (VI')

MDCCCCXXVII

IN MEMORIAM

IGNACE GOLDZIHER

(1850-1921) [1].

Consacré à l'œuvre d'Ignace Goldziher
ce volume est pieusement dédié à la mémoire
de sa veuve, née Laura Mittler.
21 février 1855 – 29 décembre 1925.

Ignace Goldziher est mort à Budapest le 13 novembre 1921, à l'âge de 71 ans. Maître incontesté des études islamiques aux yeux des orientalistes occidentaux, son influence personnelle sur nos études a été si vaste et si complexe, tant par ses ouvrages que par sa correspondance, qu'il faut attendre la publication d'une monographie détaillée, celle que prépare M. Bernard Heller, de Budapest, pour l'embrasser tout entière. On ne trouvera ici que des notes, accentuées par des souvenirs personnels.

Né le 22 juin 1850, à Székesfehérvár (Stuhlweissenburg), en Hongrie, d'une famille israélite fort estimée, Goldziher se montra d'une précocité intellectuelle rare, puisqu'il signa à 12 ans son premier essai *Szihasz Jiczhok* [2], opuscule sur l'importance de la prière, introuvable aujourd'hui. Élève de Vámbéry à Budapest, puis de Rödiger à Berlin (1869), il passait à Leipzig en 1870 sa

[1] Ces lignes, publiées d'abord dans la *Revue de l'Histoire des Religions*, en 1922 (t. LXXXVI, p. 61-72), se trouvent ici remaniées et complétées, grâce aux observations du Dr Heller, que nous sommes très heureux de remercier.

[2] « Le passe-temps d'Isaac » ; allusion biblique (Ignace = Isaac).

thèse de doctorat, avec Fleischer, sur un commentateur médiéval
de la Bible en arabe, Tanchûm Jeruschalmi. Revenu à Budapest,
où son clairvoyant protecteur, le baron Joseph Eötvös (†1871),
lui avait préparé la voie, il est nommé privat-docent à l'Université
en 1872; on le vit un moment enseigner l'hébreu au séminaire
évangélique réformé avant son départ pour l'Orient; entre temps,
il se concentra de plus en plus sur les études arabes, philologie
d'abord, puis islamologie. Chargé de mission du ministère de l'Instruction publique hongrois, il travailla pendant un an à Vienne
et à Leyde. voyagea en Orient (septembre 1873-avril 1874).
séjournant au Caire[1], en Syrie et en Palestine. Élu membre correspondant de l'Académie hongroise en 1871, membre ordinaire
en 1892 (président de section en 1907), il ne fut titularisé professeur ordinaire de langues sémitiques qu'en 1894[2]. Il passa la
plus grande partie de sa vie à Budapest, ne quittant désormais
sa patrie que pour participer à divers congrès internationaux, notamment aux congrès d'orientalistes, et pour donner, à la demande
d'Universités étrangères, des séries de conférences. Il vint en dernier lieu à Athènes (orientalistes, 1912), Leyde (histoire des religions, 1912)[3], Upsal et Stockholm (1913).

La guerre mondiale vint ébranler son activité scientifique en
détruisant l'équilibre européen. Goldziher dut brusquement
cesser de donner libéralement et impartialement, à tous les cher-
cheurs de bonne volonté, de quelque patrie qu'ils fussent, les in-
épuisables conseils de son expérience technique. Très attaché à la
culture allemande où il s'était formé, connaissant la supériorité de
son outillage et de ses moyens, Goldziher ne se résigna pourtant
pas à sacrifier, à sa prétendue mission de suprématie ethnique, le

[1] Où, à titre de très insigne faveur, il fut exceptionnellement autorisé à suivre certains cours à la Mosquée d'al-Azhar.

[2] Il ne professa qu'à partir de 1904.

La chaire prévue pour lui dès 1872 avait servi à caser un ex-professeur de séminaire, anti-infaillibiliste.

[3] Il ne put se rendre, en 1914, à l'invitation du Collège de France.

haut idéal international de solidarité entre savants qui avait inspiré toute sa vie[1]. Et il mourut lentement d'en être sevré.

Même après l'armistice, la plupart des revues scientifiques étrangères n'arrivaient pas jusqu'à lui, et, privé de son pain quotidien de lecture, il se plaignait amèrement à ses amis : «On doit s'accoutumer peu à peu à cette résignation cruelle; doit-on? » (2 décembre 1919). «On est coupé totalement du mouvement scientifique» (1er octobre 1920). «Il semble que, pour le reste de ma vie il ne me sera pas possible de prendre connaissance des travaux de mes confrères français. Est-ce qu'on a décidé de rompre la fraternité scientifique entre les savants des divers pays de notre continent? » (27 décembre 1920).

La politique intérieure de la Hongrie lui procura d'autres douleurs, peut-être encore plus aiguës. Goldziher n'était pas seulement resté un hébraïsant de premier plan, il était un membre actif de la communauté israélite réformiste de Pest, dont il avait été trente ans le secrétaire général (1874-1904). C'était en même temps un patriote hongrois convaincu, aimant à écrire en hongrois, à penser pour ses concitoyens hongrois. Assez représentatif en cela de certaine bourgeoisie israélite de là-bas, chose bonne à rappeler aux Français que la lecture exclusive des études des frères Tharaud pourrait induire à supposer qu'il n'y a comme juifs, en Hongrie, que des paysans superstitieux ou des bolchévistes déchaînés.

Aussi la révolution de Béla Kún, portant au pinacle une minorité juive cosmopolite et antipatriote, bouleversa toutes les idées de Goldziher. Vint ensuite la contre-révolution, qui réagit au début sans discernement contre toutes les communautés israélites; à tel point que Goldziher décida de se démettre de sa présidence de section à l'Académie[2], et s'isola désormais, dans la

---

[1] Cf. sa lettre sur «La guerre et la solidarité entre savants» (ap. journal hongrois *Magyar Figyelö*, 1916, t. IV. p. 250-254).

[2] Le gouvernement hongrois tint à honneur d'effacer le souvenir de cet incident en organisant, en 1920, la célébration solennelle du 70e anniversaire de

retraite, auprès des siens, dans le deuil soudain d'une belle-fille
tendrement aimée, et le pressentiment de sa fin prochaine : « Peut-
être cher Azraël frappe à la porte », m'écrivait-il. Enfin, la véhé-
mence passionnée et outrancière des premières réalisations sionistes,
dont il admettait en théorie les prémisses, assombrit cruellement
ses vieux espoirs d'une réconciliation prochaine entre juifs et musulmans [1].

Ses œuvres maîtresses ont été : *Die Zahiriten* (1884), *Muhammedanische Studien* (1889-1890), *Vorlesungen über den Islam* (1910)
et *Die Richtungen der islamischen Koranauslegung* (1920).

La plus ancienne est une monographie condensée, pleine d'aperçus originaux, exposant historiquement l'évolution d'une école
juridique sunnite maintenant disparue, le « cinquième rite », des
zahirites, dont Dâwoûd d'Ispahan (✝883) fut le fondateur, et l'espa-
gnol Ibn Ḥazm (✝1069) le plus illustre représentant. Cette monographie est presque entièrement fondée sur des sources inédites.

Les *Muhammedanische Studien* suscitèrent, il y a trente ans, une
impression profonde, qui n'est pas dissipée. Pour la première fois,
la critique historique était méthodiquement employée pour élu-
cider deux des principaux aspects de la formation de la Communauté musulmane; ce n'était plus les aperçus réticents de Dozy, ni
les coups de sonde de Sprenger, ni les intuitions brèves de Kre-
mer; c'était un exposé détaillé et magistral. Le *premier volume* [2],

---

Goldziher, et en donnant à ses funérailles
la plus grande solennité.

[1] Voir ici, p. XVI. — Voici, sur ce
point, les observations que m'écrit le
Dʳ Heller (29 octobre 1923) : « Notre
regretté maître désirait que les Juifs de
Roumanie, de Russie, trouvent un re-
fuge; il désirait qu'en Palestine (et partout) Juifs, Chrétiens et Mahométans
s'entendent et se respectent (mais il a re-
fusé la proposition de faire un voyage en
Orient pour réconcilier Juifs et Arabes);
il a reconnu que dans les prières juives
— et ces prières lui étaient fort chères —
une nostalgie pour la Terre sainte se pro-
nonce. Par ces traits je crois avoir épuisé
tout ce qui l'attachait au sionisme. A sa
religiosité, aucun nationalisme ne se mê-
lait. »

[2] Suivi de sept notes.

en effet, passe en revue les multiples survivances profanes de la vie tribale bédouine (*moroûwah*) persistant sous les cadres religieux des nouveaux rites d'obligation (*dîn*)[1]; et il scrute spécialement la résurrection, après trois siècles, d'un de ces traits caractéristiques, l'orgueil ethnique arabe, renaissant sous l'assaut de ses adversaires, nationalités étrangères islamisées revendiquant l'absolue égalité (*taswiyah*) entre croyants : le mouvement des *sho'oûbiyah*.

Le *second volume* est capital; il suit la formation historique graduelle de la «tradition», sa cristallisation en sentences apodictiques, prenant une valeur juridique décisive, parce que *ḥadîth*, recueillis de la bouche même du Prophète : *ḥadîth* pour et contre le légitimisme alide, pour et contre les partisans d'Othmân, donc vraisemblablement fixés très tôt après ces conflits politiques. Il expose les origines du remarquable mouvement critique de la «science du *ḥadîth*», dont les chefs, des sunnites, essayèrent d'élaborer des termes techniques et des règles d'interprétation permettant de discerner les *ḥadîth* authentiques des *ḥadîth* inventés. Puis il examine le procédé d'invention de faux *ḥadîth* imaginés dans un but d'édification morale[2]. Le volume se termine par l'étude des procédés d'enquête des traditionnistes, de leurs modes de compilation (à ce sujet, étude approfondie des recensions du *mowaṭṭâ* de Mâlik). Enfin l'auteur donne une collection de notes hagiographiques fort curieuses sur le culte des saints (et les reliques) en Islam.

Les *Vorlesungen* sont un exposé d'ensemble, c'est notre premier manuel d'islamologie, sous forme de six leçons dont la répartition,

---

[1] Becker l'a noté : le problème est traité ici par Goldziher *ab intra*, en épousant les cadres organiques de la pensée islamique; et cela au moment où Wellhausen et Robertson Smith l'abordaient de façon tout à fait différente, à savoir par pénétration extérieure et par disruption.

[2] A ce propos, noter, t. II, p. 168, l. 16 et suiv., que le «prédicateur» anonyme, auquel Ṭabarî s'attaqua, doit être identifié avec le hanbalite Barbahâri († 931) selon les *ṭabaqât* d'al Farrâ (s. v.; cf. *Hallâj*, t. II, p. 597, n. 5) : pour le problème général, voir notre *Essai sur les origines...*, p. 104.

mûrement dosée, est à méditer; la *première* décrit la personnalité du fondateur de l'Islam, et situe le monothéisme coranique par rapport aux autres religions sémitiques. La *seconde*, c'est la codification du droit canon, sa mansuétude primitive, altérée plus tard par le formalisme minutieux, la casuistique insincère des glossateurs. La *troisième* expose les étapes du développement dogmatique, les tendances rationalistes des postulats mo'tazilites, le caractère occasionnaliste de l'ash'arisme et sa négation du principe de causalité. La *quatrième* traite de la mystique, depuis les humbles débuts de l'ascèse primitive, et les influences externes, hindouiste et hellénisante, jusqu'au monisme intégral formulé au xiiie siècle; son influence morale est mise en lumière à propos de Ghazâlî. La *cinquième* et la *sixième* sont consacrées, l'une aux sectes dissidentes anciennes (khârijisme, shî'isme orthodoxe et ismaélien), — l'autre aux tentatives postérieures (wahhâbisme, bâbisme et béhaïsme, sikhisme, ahmadiyah) et aux essais d'unification islamique. — L'équilibre des parties est à souligner, car ce plan résume la structure interne de l'Islam telle que Goldziher se la représentait. On pourrait y trouver à redire : le wahhâbisme y est, à dessein, exclu un peu trop violemment[1] de l'orthodoxie sunnite. Mais mieux vaut garder le silence si l'on songe à toutes les anticipations déjà vérifiées que ce plan lui a permis d'esquisser en 1910 : anticipation des recherches critiques sur l'établissement du texte coranique; prévision du conflit colonial entre le capitalisme des chrétiens d'Europe et le prolétariat musulman, conflit que le bolchévisme devait exploiter, neuf ans après; prédiction des essais de fusion entre shî'ites et sunnites, dont les Anglais éprouvèrent à leurs dépens, la réalité, en Mésopotamie.

Enfin, dans les *Richtungen*, Goldziher, s'attaquant au texte même qui fait l'unité réelle, pédagogique et légale, presque liturgique, de l'Islam, au *Qor'an*, essaie, par un effort de pensée magnifique.

---

[1] Trad. fr. Arin, p. 227.

de nous représenter comment les différentes écoles d'exégètes l'ont
compris, à travers les âges; marquant les difficultés spéciales de la
chose, l'indétermination relative du texte originel, compilé sans
points diacritiques ni voyelles; puis les nuances de l'exégèse,
d'abord littérale et traditionnellement grammaticale avec l'école
d'Ibn ʿAbbâs; puis ratiocinante et théologique, avec l'école des
moʿtazilites, dont le *Kashshâf* de Zamakhsharî marque, avant la
réaction de Baydâwî, le déclin; mystique et anagogique, suivant
les divers maîtres du soufisme; ou bien simplement accommodatrice,
arbitraire et opportuniste. avec les polémistes de l'école moder-
niste, préoccupés d'habiller le Qorʾân à l'européenne, pour sauve-
garder la foi chancelante des intellectuels.

Malgré la maladie qui minait l'auteur [1], durant sa composition,
c'est peut-être sa plus belle œuvre, comme signification et comme
orientation. Embrassant d'un seul regard l'ensemble des interpréta-
tions divergentes que des croyants ont élaborées, pour tel ou tel
verset du texte inspiré, Goldziher, impassible, ne ressent pas
comme Renan l'atteinte secrète de la déception, devant tant d'éner-
gie intellectuelle dépensée et perdue; en bon Israélite, il la goûte
pour elle-même, pour sa qualité spirituelle, pour l'ingéniosité plau-
sible de tant de solutions inlassablement proposées en vue de sur-
monter des difficultés matérielles que la pensée doit finir par
vaincre. Et puis, il sait que ce pur effort intellectuel, loin d'avoir
été vain, reste, à travers les siècles, la clef de voûte qui supporte
l'édifice de la civilisation donnée qu'il étudie; et que ses autres
aspects, économique, industriel et même artistique, s'arc-boutent
à cette clef de voûte centrale.

A côté de ces quatre œuvres magistrales, il faut donner, en se
bornant à en commenter brièvement les titres, la liste de quelques-
uns de ses opuscules choisis parmi les plus caractéristiques, et

____

[1] «In tormentis scripsi», m'écrivait-il, me parlant de «cet enfant de douleur».

classés suivant le sujet[1] : suivie de l'indication des directions où
Goldziher a orienté les enquêtes scientifiques de ses disciples[2].

En philologie judéo-arabe : *Studien über Tanchûm Jerúschalmi*
(1870), sa thèse de doctorat, portant sur un commentateur de la
Bible, en arabe, qui écrivait au xiiie siècle ; *Der Mythos bei den
Hebraern* (1876), ouvrage retentissant de critique biblique extré-
miste, sur lequel nous reviendrons ; *Du développement de la religion
juive* (en hongrois, 1888) ; *usages juifs d'après la littérature religieuse
des musulmans*, et *Mélanges judéo-arabes*, parus dans la « Revue des
Études juives » (1894, 1901 seq.) ; édition d'un texte de morale,
Maʿânî al nafs, faussement attribué à Bahya.

En philologie purement arabe : *Beiträge zur Geschichte der Sprachgelehrsamkeit bei den Arabern* (3 parties, 1871-1873), monogra-
phies doctrinales sur plusieurs *loghawiyoûn* ; *Abhandlungen zur arabischen Philologie*, dont le volume I (1896) étudie la *hijâ* (poésie
satirique primitive), le « nouveau style » en poésie arabe classique,
et le terme *sakînah ;* le volume II (1899) édite le *Kitâb al moʿamma-
rîn* de Sijistânî, avec une importante préface sur les corporations
de métiers dans la communauté islamique, on doit rappeler aussi
son édition-type du *Divan* de Hotaï'ah (1892), et ses fragments de
Sâliḥ-ibn-ʿAbd al Quddûs (1892).

En jurisprudence et théologie musulmanes : ses multiples notes
sur le principe de l'*ijmâ*, en particulier sa *Katholische Tendenz im
Islam* (1913) ; sur les *Hanbalites* (1908) et les *Sâlimiyah* (1907) ;
sur le *shîʿisme* (littérature polémique 1874, 1901, 1906 : *taqiyah*) ;
sur Fakhr al Dîn Râzi (1912) ; il a donné un bref exposé synthé-
tique de la philosophie médiévale de langue arabe, islamique et

[1] Ici même, dans la *R. H. R.*, Goldziher a écrit les articles suivants : II,
257 (1880) ; XIV, 49 ; XVI, 157 ; XVIII,
180 ; XXI, 295 ; XXIII, 201 ; XXVI,
129 ; XXVIII, 1, 378 ; XXIX, 216 ;
XXXI, 304 ; XXXV, 331, XXXVII,
314 ; XLI, 398, XLIII, 1 ; XLV, 208 ;
XLVIII, 263 ; LII, 219 ; LVIII, 269 ;
LXIV, 239.

[2] La liste complète de ses travaux
comprend 566 numéros (453 en 1910).
— Certains, qui n'ont paru qu'en hongrois, seraient à traduire dans une de nos
langues plus internationales.

juive, dans le manuel d'Hinneberg, *Kultur der Gegenwart*, 1913; enfin ses deux belles éditions du *tawḥid* de l'almohade Ibn Toumert (1903), et du *mostazhiri* de Ghazâlî (1916; contre les ismaéliens).

En mystique musulmane, on connaît ses nombreuses notes données en allemand (dans le *Z. D. M. G.* puis le *D. I.*) et en français (dans la *R. H. R.*) : rappelons spécialement celles qui concernent Ibn Hoûd (1894), la *mahiya* (1901), Ibn Barrajân et Hallâj (1913).

En controverse et apologétique islamiques, il a écrit, pour compléter et mettre au point les publications de Steinschneider sur les polémiques musulmanes s'attaquant aux «ahl al kitâb» en général (*Z. D. M. G.*, 1878) et aux talmudistes en particulier (ap. «Kobaks Jeschurun», 1870-1871). Il a résumé en de brèves indications les cas d'infiltrations étrangères, bouddhiques, parsies (*R.H.R.*, 1901), chrétiennes et gnostiques (*Z. A.*, 1908), pénétrant dans l'observance islamique. Certaines de ses contributions à l'encyclopédie de Hastings (notamment l'article «education») sont étendues; promoteur de l'«Encyclopédie de l'Islam» dès 1899, il y a écrit, entre autres, les articles *Ahmed-ibn-Hanbal, Djamâl al din Afghâni, fiḳh, istiṣḥâb.*

L'influence de Goldziher a été très vaste; sur ses amis d'abord, comme A. Müller; puis Snouck Hurgronje, Ashley Bevan, enfin C. H. Becker, dont les articles l'ont dit mieux que personne; sur ses disciples directs, aussi, comme M. Schreiner et Yahuda. Il faut y chercher également, *largo sensu*, le point de départ des études de Van Berchem sur les titres califiens [1], de Lammens sur le gouvernement omayyade [2], de Caetani sur les *ṣaḥîfah* du 1er siècle [3], du grand inventaire lexicographique des recueils de *ḥadith* entrepris par Wensinck [4], de l'étude de Mohammad comme type social [5]

[1] *Muh. Studien*, II, 61.

[2] *Id.*, II, 31, 122.

[3] *Id.*, II, 9, 50, 195.

[4] *Over een plan tot ontginning der arabische traditieliteratuur* («Med. Konink. Akad. Wetensch.». Lett. 53-A-12, 1922).

[5] *Muh. Studien*, II, 278. 306; *Vorlesungen*, trad. fr., 1, n. 35.

par Tor Andrae [1]. Nul n'a encore repris ses sondages relativement
aux luttes de clans persistant en Palestine [2], et à l'évolution historique des corporations musulmanes [3].

Il est temps, maintenant, d'esquisser, au moins provisoirement,
ce que fut la méthode de travail d'Ignace Goldziher.

Au point de vue matériel, c'est le rassemblement d'une informa-
tion textuelle exceptionnellement riche, principalement puisée dans
les manuscrits; elle est présentée avec une rare sobriété, une
grande rigueur critique, ne contenant, entre guillemets, que le
mot ou la phrase ayant portée décisive.

L'exposition use d'une langue allemande légèrement archaïsante,
et qui passe pour être lourde de syntaxe. De fait, même en français, la période reste, pour le lecteur, un peu déroutante; elle masse
en avant une accumulation de preuves, derrière laquelle le point
de vue central s'insinue à peine, dans une incise. Présentation pe-
sante, mais puissante.

Quant à ses idées maîtresses, on peut affirmer qu'en dépit de
son impeccable maîtrise du lexique et de la syntaxe arabes il ne
faut pas voir en Goldziher un pur philologue, amoureux de para-
digmes; c'est un historien [4], plus exactement un historien des religions, un «islamforscher», un «islamologue»; surtout dans les
vingt-cinq dernières années de sa vie. Il importe donc ici de pré-
ciser quelles furent ses attitudes en la matière. Sans prendre d'attitudes insurrectionnelles au sujet de l'Islam, Goldziher a tout doucement accoutumé ses contemporains à n'admettre *à priori* aucun
isnâd en *ḥadîth*, et à introduire même des *variae lectiones* en exégèse

[1] Avec quelle respectueuse gratitude
je dois le remercier ici de ses conseils
et de ses remarques, durant treize années.

[2] *Muh. Studien*, I, 79: voir notre *An-
nuaire du monde musulman*, p. 346, 339,
333.

[3] *Rev. internat. de sociologie*, 1920,
et ici p. xii.

[4] En prenant «histoire» au sens d'ex-
ploitation congéniale des documents,
— plutôt que d'intuition des ensembles
politiques, — note Becker, en l'opposant
à Wellhausen.

coranique. Quelque détaillées que soient ses enquêtes, Goldziher
ne se permet pas de les fermer par des formules de conclusion pé-
remptoires; ce sont plutôt des orientations qu'il préconise, pour
les investigations à venir. Et ces orientations sont franchement
« congénitales » au milieu social étudié. Sa forte éducation critique
ne le rend pas antisocial; le fait d'avoir démontré[1] que, formelle-
ment, la plupart des *ḥadīth* manquent d'authenticité stricte, — ne
le détourne pas de l'évaluation des résultats positifs qu'ils ont pu
produire, comme principes directeurs, et règles de conduite pratique[2]. — Quand il nous a énuméré[3] les méthodes diverses et
divergentes par lesquelles les croyants ont essayé de tirer parti de
tel verset coranique, — il retient cette donnée qu'un texte religieux a été fait pour être compris, surtout d'après ceux qui le pra-
tiquent, après l'avoir médité.

Cela tient à deux caractéristiques de sa pensée, bien connues de
ses amis et de ses disciples, et qu'il me faut essayer de souligner
avant de terminer : un persistant attachement à l'éminente voca-
tion de sa race; et une ferveur contenue, mais indéniable, le
poussant, dans l'examen des expérimentations religieuses qu'il
étudiait, jusqu'à une certaine introspection[4].

La première caractéristique se révèle en ceci : israélite érudit,
profondément impressionné, dès ses débuts, par les derniers résultats de la critique scripturaire, concluant, avec Wellhausen, à l'hé-
térogénéité radicale de la Thora, et, avec Renan[5], à la précel-
lence des Aryens sur les Sémites, Goldziher finit par réagir là-contre
de deux manières assez paradoxales. D'abord, en se refusant pé-
remptoirement à nier l'originalité foncière des langues sémitiques,

[1] Par la critique de leurs *isnād* (*Muh. Studien*, t. II).

[2] Reproche qu'on peut adresser à l'application un peu controversiste que Lammens et Gairdner ont faite de sa méthode.

[3] *Richtungen.*

[4] Ses objections contre Frazer (*Muh. Studien*, I, 255). L'anecdote citée par Snouck (*de Gids*, 1921, p. 496).

[5] Voir son *Renan orientaliste* (1894, en hongrois); sa recension de la correspondance avec Berthelot (1898, *id.*).

et de la culture dont elles sont le véhicule; Goldziher n'admet pas
le postulat de l'infériorité *a priori* des langues sémitiques, comme
instrument de pensée; politiquement il espéra jusqu'au bout entre-
voir l'aube de leur rénovation, par une réconciliation finale en
Palestine entre Juifs et Arabes; l'on ne saurait trop insister, à ce
sujet, sur la sincérité de ses déclarations publiques [1] à un de ses
disciples, un jeune arabe chrétien de Mossoul, le Dr Abdulaḥad
Bachîr Misconi. En cela, Goldziher, orientaliste occidental pourtant, s'est montré un des précurseurs du mouvement grandissant
des «langues opprimées», s'élevant contre les prétentions des
langues indo-européennes à régir exclusivement les échanges intellectuels et autres dans l'univers, ce qui aboutirait, au surplus, à
l'éviction de toute autre culture que la nôtre.

En second lieu, et nous faisons allusion ici à son *Mythos bei den
Hebraern*, Goldziher nous présente un cas piquant et inattendu du
phénomène social dit «sionisme spirituel», phénomène qu'Achad
Ha'am a analysé depuis si puissamment [2]; comme critique biblique,
il admet toutes les conclusions de Wellhausen; mais c'est pour les
retourner contre la thèse pro-aryenne de Renan; la Thora n'a pas
d'authenticité historique? Soit, mais alors il faut l'admirer comme
un magnifique monument de l'imagination artistique, génératrice
de mythes : qualité «aryenne» précisément déniée, par Renan, au
peuple d'Israël. L'hypercriticisme le plus radical mis au service
d'une réhabilitation nationale, voilà le curieux détour de pensée
que Rosen et Snouck surprirent, dès le début, au fond de ce
livre [3].

---

[1] Aux fêtes de 1920 : «C'est pour ta
nation et pour la mienne (*ommati*) que
j'ai vécu. Si tu retournes dans ta patrie
(*waṭanak*), dis-le à tes frères.» — Cf.
notre «Sionisme et Islam» (*Rev. internat.
de sociologie*, 1921); et «Pro psalmis»
(*Revue juive*, 1925, n° II).

[2] *Essays*, trad. Leo Simon, p. 308-
309.

[3] Le Dr Heller n'admet pas l'explication, suivie ici, de Rosen et de Snouck.
Voici ce qu'il nous écrit : «Notre maître
a accepté, adopté le criticisme, parce que
sa conscience scientifique ne lui laissait

Avec le temps d'ailleurs, Goldziher avait récupéré, en critique biblique, des positions plus conservatrices [1]; il ne s'en cachait pas, et je me souviens de paroles significatives qu'il me dit spontanément en 1912, sur l'intention cultuelle à laquelle il participait, à l'égard d'un Dieu personnel, dans la prière liturgique juive. Phrases dites en passant, d'ailleurs, car il se livrait peu, ne s'imposait jamais, avouait, sans hésiter, son incertitude, et insinuait doucement ses critiques : «voici, m'écrivait-il, quelques suggestions; pour y réfléchir : non pas impérativement».

Louis MASSIGNON,

professeur au Collège de France.

pas d'autre choix. Il a longtemps et gravement lutté, il a fini par se soumettre à l'évidence littéraire, critique, tout en gardant sa sublime métaphysique, ses idées religieuses, sa foi ardente. Il accepta Kuenen, Robertson Smith, Wellhausen, mais il ne pouvait point admettre la thèse paradoxale de Renan que le monothéisme naît «d'un esprit étroit, sec et «dénué de toute flexibilité»... Dans Israël le monothéisme s'est substitué aux mythes; le prophétisme, la révélation a vaincu la mythologie. La gloire d'Israël, par conséquent, ne consiste pas dans ce fait qu'il a créé des mythes (c'est une gloire qu'il partage avec tout le monde); elle consiste dans la lutte victorieuse des prophètes contre la mythologie.»

[1] Le Dr Heller ne pense pas qu'il y ait eu évolution psychologique depuis 1876 sur ce point, chez Goldziher. «Il était et restait persuadé que nos idées religieuses doivent se mettre sur la base des résultats scientifiques. Vous avez raison : il professait un Dieu personnel. — mais... cette foi n'était pas ébranlée quand il a composé le «Mythos»; [et] cette foi l'accompagna jusqu'à sa mort» (5 septembre 1923). Et, dans sa lettre du 29 octobre 1923 : «La flamme de cette ferveur ne fut jamais éteinte par son criticisme. Il me fut permis de jeter un coup d'œil dans ses mémoires de jeunesse et dans ses itinéraires: à côté des idées critiques... un sentiment religieux y paraît, éclate, sentiment passionné, éruptif, comme celui d'un çoûfî, d'un Djalâl addîn Roûmî...».

BIBLIOGRAPHIE
DES OEUVRES
DE
IGNACE GOLDZIHER.

NOTICE.

Voici une liste bibliographique complète, ou bien peu s'en faut, des ouvrages du professeur Ignace Goldziher. C'est à son enfance que remonte le commencement de l'activité littéraire dont les contours schématiques sont ici esquissés. I. Goldziher n'avait que 12 ans, quand il fut salué en pleine classe par son professeur — un prêtre, cistercien — comme *Ignatius autorculus*. C'était à propos de son opuscule sur les prières (le n° 1 de notre IVe liste), dont le seul exemplaire connu est pieusement gardé par la famille Goldziher. A partir de 1870, cette activité n'a pris aucun repos. Aujourd'hui même, quatre ans après la mort du professeur Goldziher, nous ne sommes pas encore au bout de ses productions littéraires, puisque des éditions nouvelles, des traductions, des recueils se préparent.

Ses travaux ont paru en langues hongroise, allemande, française, anglaise, russe, suédoise, croato-serbe et arabe. Ses œuvres hongroises, destinées à vulgariser la science et adressées à ses compatriotes, se distinguent par leur fraîcheur, par leur verve. D'autre part, elles sont inaccessibles pour la plupart des arabisants, des orientalistes. C'est pourquoi nous résumerons dans les pages suivantes quelques-uns de ses travaux hongrois, quitte à laisser sans résumé bien des publications hongroises qui mériteraient d'être connues, elles aussi, par ceux qui ne lisent pas le hongrois.

Renonçant à rivaliser avec l'éloquence des faits, nous nous bornons à dresser des listes :

I. Une liste des périodiques, revues, journaux auxquels le professeur Goldziher a collaboré.

II. Une liste des recueils, séries, mélanges, etc., auxquels il a contribué.

III. Une liste des encyclopédies auxquelles il a collaboré, avec l'énumération complète de tous les articles qu'il a signés.

Dans ces trois listes, les chiffres entre parenthèses se rapportent aux numéros de la IV° et de la V° liste.

IV. Une liste des livres et des articles du professeur Goldziher; le titre des livres est en caractères gras.

V. Une liste des œuvres dont le professeur Goldziher a donné un compte rendu.

VI. Le titre des deux cartes géographiques dressées par le professeur Goldziher.

I

PÉRIODIQUES, REVUES, JOURNAUX.

1. *Academy* [London] (82, 120).

2. *Akadémiai Értesító* (Bulletin de l'Académie) [= Ak. Ért.] (7, 8, 20, 30ᵃ. 40ᵃ, 65ᵃ, 71ᵃ, 80, 97ᵃ, 111ᵃ, 149, 150, 160, 167, 207, 225, 247, 255, 509, 265, 266, 276ᵃ, 278, 279, 280, 292, 309, 326, 349, 453).

3. *Allgemeine Zeitung des Judentums* [Berlin] (339).

4. *Archaeologiai Értesító* [Bulletin archéologique] (151).

5. *Archiv für Religionswissenschaft* [= A.R.W.] (268, 282, 310, 311, 318, 319, 437ᵇ, 454).

6. *Athenaeum* [Budapest] (32, 42, 472ᵃ).

7. *The Athenaeum* [London] (301).

8. *Ausland* (99).

9. *Al-Azhar* [Le Caire] (140).

10. *Ben Chananja* [Szeged] (3, 4).

11. *Beiträge zur Religionswissenschaft hrsg. von der Religionswissenschaftlichen Gesellschaft in Stockholm* (341).

12. *Budapesti Szemle* (Revue de Budapest) [= B.Sz.] (74, 86, 87. 90, 112, 132, 143, 152, 168, 169, 179, 180, 188, 195, 210, 366, 406ᵃ, 409, 428, 436, 437ᵃ, 464, 465, 471, 531).

13. *Byzantinische Zeitschrift* (404, 472ᵇ).

14. *Deutsche Literaturzeitung* [= D.L.Z.] (303, 410, 411, 412, 416-225, 426ᵃ, 429-434, 438-443, 446-449, 455-461. 466, 467, 468,

473-477, 485, 486ª, 487, 495, 496, 497, 502-506, 510, 511, 512, 515, 516, 517, 522-525, 532, 533, 534, 537-542, 546, 547, 554, 560, 564, 565, 566, 570, 571, 575, 576, 579, 581, 587, 585, 589).

15. *Egyenlőség* [Égalité] (211).

16. *Egyetemes Philologiai Közlöny* (Bulletin de philologie universelle) [= E.Ph.K.] (67, 68, 75, 81, 88, 95, 100, 587).

17. *Ethnographia* [Budapest] (161).

18. *Földrajzi Közlemények* [Revue géographique] (53, 63).

19. *Globus* (146, 162, 170, 171, 181, 190, 199, 226, 249, 257, 407, 426ᵇ, 462, 478, 488-491, 507, 508, 513, 518, 519, 526, 527, 528).

20. *Göttingische Gelehrte Anzeigen* [= G.G.A.] (444).

21. *Hazánk és a külföld* [Notre patrie et l'étranger] (2).

22. *Hebräische Bibliographie* (Steinschneider) [= H.B.] (11).

23. *Jeschurun* [Kobak] (26, 34).

24. *Jewish Quarterly Review* [= J.Q.R.] (172, 234, 250, 251).

25. *Journal of the Royal Asiatic Society* [= J.R.A.S.] (200, 328, 529, 535, 548, 561).

26. *A Jövő* [L'Avenir] (196).

27. *Der Islam Zeitschrift für Geschichte und Kultur des islamischen Orients* (312, 321, 329, 344, 350, 351, 352, 364, 365, 367, 373, 374, 379, 549, 555).

28. *Jüdische Zeitschrift für Wissenschaft und Leben* [Geiger] (54).

29. *Izraelita Közlöny* [Bulletin israélite] (5, 6, 12, 13, 14, 15).

30. *Literarisches Zentralblatt* (498).

31. *Literaturblatt für orientalische Philologie* (394, 396).

32. *Magazin für jüdische Geschichte und Literatur* [Berliner] (43, 44, 55).

33. *Magyar Figyelő* [Spectateur hongrois] (345).

34. *A Magyar Filozófiai Társaság Közleményei* [Revue de la Société hongroise de philosophie] (550).

35. *Magyar Könyvszemle* [Revue de bibliographie hongroise] (79).

36. *Magyar Nyelv* [Langue hongroise] (267, 285).

37. *Magyar Nyelvőr* [Gardien de langue hongroise] (101, 108, 109, 173).

38. *Magyar Tanügy* [Enseignement hongrois] (33, 35, 56, 72, 381, 382, 383, 384, 385, 386).

39. *Magyar Zsidó Szemle* (Revue hongroise-juive) [= M.Zs.Sz.] (102, 103, 104, 110, 113, 114, 115, 116, 121, 125, 391).

40. *Monatsschrift für Geschichte und Wissenschaft des Judentums* [= M.G. W.J.] (21, 22, 36, 83).

41. *Mult és Jövő* [Passé et avenir] (357).

42. *Museum Maandblad voor Philologie en Geschiedenis*, Leiden (574).

43. *Nemzet* [Nation] (96).

44. *Nord und Süd.* Eine Halbmonatsschrift, herausgegeben von Ludwig Stein (330, 331, 567).

45. *Nyelvtudományi Közlemények* (Revue de linguistique) [= Nyt.K.] (57, 58, 64, 71, 163, 174, 182, 221, 256, 413).

46. *Oriens Christianus* (235).

47. *Orientalistische Literaturzeitung* (313, 359, 450, 350).

48. *Osterreichische Monatsschrift für den Orient* [= Ö.M.f.O.] (138, 201, 392, 393, 395, 397, 401, 402).

49. *Österreichische Wochenschrift* [Bloch] (236).

50. *Pester Lloyd* (37, 45, 46, 47, 48, 133, 360, 580).

51. *Pesti Napló* [Journal de Pest] (38, 91).

52. *Preussische Jahrbücher* (262ª).

53. *Pravoslavny Sobešednik* (380).

54. *Protestáns Tudományos Szemle* (Revue scientifique protestante) [= Prot.T.Sz.] (9, 23, 27, 28).

55. *Questions diplomatiques et coloniales* (227).

56. *Reform Advocate* [Chicago] (340).

57. *Revue africaine* [Alger] (272, 294).

58. *Revue des Études juives* [= R.É.J.] (105, 175, 183, 214, 228, 237, 252, 259, 264, 273, 295, 314, 315, 486ᵇ).

59. *Revue de l'Histoire des Religions* [= R.H.R.] (84, 106, 117, 122, 126, 139, 147, 153, 164, 202, 208, 229, 405, 408, 414, 451, 469, 479, 499, 520, 543).

60. *Revue des Traditions populaires* (283).

61. *Rivista degli Studi Orientali* (286).

62. *Történeti Szemle* [Revue historique] (553, 558, 563).

63. *Theologische Literaturzeitung* [= Th. LZ.] (544, 551, 552, 556, 557, 562, 568, 572, 573, 577, 582, 583, 586, 587, 588, 590).

64. *Westöstliche Rundschau* (406ᵇ).

65. *Wiener Zeitschrift für die Kunde des Morgenlandes* [= W.Z.K.M.] (123, 127, 134, 140, 155, 184, 203, 216, 217, 230, 231, 238, 239, 398, 400, 403, 427, 480, 492, 509, 521).

66. *Zeitschrift für Alttestamentliche Wissenschaft* [= Z.A.T.W.] (165, 224, 322).

67. *Zeitschrift für Assyriologie und verwandte Gebiete* (156, 241, 296, 297, 353, 368, 536).

68. *Zeitschrift der deutschen morgenländischen Gesellschaft* [= Z.D.M.G.] (16, 17, 29, 39, 49, 50, 51, 52, 59, 60, 69, 70, 73, 77, 89, 92, 93, 107, 124, 128, 141, 142, 148, 157, 176, 177, 185, 193, 194, 204, 205, 218, 219, 232, 240, 260, 275, 287, 288, 289, 290, 298, 316, 332, 333, 346, 354, 362, 369, 370, 375, 375ᵃ, 388, 389, 390, 399, 415, 435, 445, 452, 463, 481, 482, 483, 493, 500, 545, 559, 569, 578).

69. *Zeitschrift des deutschen Palästinavereins* [= Z.D.P.V.] (78, 118, 178, 192, 254, 501).

70. *Zeitschrift für hebräische Bibliographie* (Frankfurt a/M.) [= Z.f.H.B.] (274, 470, 484, 514).

71. *Zeitschrift des Vereins für Volkskunde* (206).

72. *Zeitschrift für vergleichende Rechtswissenschaft* (135).

73. *Zeitschrift für Völkerpsychologie* [= Z.V.P.] (94, 119, 129).

II

RECUEILS, SÉRIES, MÉLANGES, ETC.

1. *Abhandlungen der Kön. Gesellschaft der Wissenschaften zu Göttingen*, Phil. hist. Klasse (277).

2. *Abhandlungen der Kön. Preus. Akademie der Wissenschaften*, Phil. hist. Klasse (355).

3. *Actes du Congrès international des Orientalistes* (154, 189, 198, 213, 222, 253).

4. *A Magyar Tudományos Akadémia elhúnyt tagjai fölött tartott emlék-beszédek* (= Ak. Emlékbesz.) [Éloges des membres défunts de l'Académie des Sciences hongroise] (130, 166, 276, 299, 347).

5. *Allgemeine Deutsche Biographie* (281).

6. *Catalogue de la Bibliothèque de Gotha* (145).

7. *Congress of Arts and Science...*, *universal exposition. St. Louis*, 1904, edited by Howard J. Rogers. Boston and New-York [Hougthon, Mifflin and Company] (262).

8. *De Goeje Fund, Fondation De Goeje*, Leide (356, 371).

9. *Ebers, Egypten in Bild und Wort*, Stuttgart und Leipzig, 1879, 1880 (76).

10. *Egyetemes Irodalomtörténet* [Histoire universelle de la Littérature], rédigée par Heinrich Gusztáv, Budapest, Franklin (246).

11. *Egyptom* [L'Égypte] Tanulmánykönyv, rédigée par Körösi László. Budapest, Pátria, 1899 (212).

12. *Előadások Körösi Csoma Sándor emlékezetére* [Conférences en mémoire de Alexandre Körösi Csoma], Académie des Sciences hongroise (242, 324).

13. *Értekezések a nyelv és széptudományok köréből* [Traités de philologie et d'esthétique] [= Ert. ny. szépt.] (30, 40, 65, 97, 111, 158, 291).

14. *Zum ältesten Strafrecht der Kulturvölker. Fragen zur Rechtsvergleichung gestellt von Theodor Mommsen,* Leipzig, 1905 (263).

15. *Die Kultur der Gegenwart* [Paul Hinneberg] (269, 305, 337, 338, 377[a], 377[b]).

16. *Mélanges :*

Berliner Adolf (248).

Browne E. G. (376).

Derenbourg Hartwig (302).

Harkavy Abraham (293).

Hunfalvy Pál (144).

Kármán Mór (197).

Kaufmann David (223)

Kohler Kaufmann (336).

Kuhn Ernst (351).

Nöldeke Théodore (270, 358).

Steinschneider Moritz (191).

17. *Nagy Képes Világtörténet* [Grande histoire universelle], rédigée par Marczali Henrik, Budapest, Franklin (220).

18. *Népszerű Zsidó Könyvtár* [Bibliothèque juive populaire]. Budapest, 1922, 1923 (380).

19. *Sitzungsberichte der phil. hist. Classe der Kais. Akademie der Wissenschaften,* Wien (18, 19, 25, 31, 41).

20. *Zsidó Évkönyv* [Annuaire juif]. Budapest, 1875, Franklin (61).

III

ENCYCLOPÉDIES.

1. *Brockhaus' Konservations-Lexikon.* [Dans la XIVᵉ édition, depuis 1892, les articles sur la littérature et l'histoire arabe et sur la religion mahométane.]

2. *Enzyklopädie des Islam* [le professeur Goldziher était de ceux qui ont entrepris cette publication, voir aussi les nᵒˢ 198, 201, 213, le compte rendu nᵒ 516, le spécimen nᵒ 215].

Sont signés par le professeur Goldziher les articles suivants :

'Abd al-Karīm b. Ibrahīm al-Djīlī, I, 49.
Abdal, I, 71.
Abū Ḥātim, I, 97.
Abū Hureira, I, 99, 100.
'Adā, I, 129,
Adab, I, 129, 130.
Adjal, I, 148.
'Adjam, I, 148.
Ahl al-Ahwā, I, 194.
Ahl al-Bait, I, 194, 195.
Ahl al-Kitāb, I, 195, 196.
Ahmed b. Muhammed b. Ḥanbal, I, 199-201.
Āl, I, 258.
Asās, I, 495.
Asfar, I, 495.
Aṣḥāb, I, 496, 497.

Athar, I, 525.
Badā', I, 572-574.
Dahrīya, I, 932, 933.
Al-Dasūkī, Al-Saiyid Ibrāhim b. Ibrāhim ('Abd al-Ghaffār), I, 966.
Dhu'l-Kifl, I, 1003-1004.
Djamāl al-Dīn al-Afghānī, Il-Saiyid Muhammed b. Safdar, I, 1052-1054.
Failasūf, II, 40 b-41 a.
Fikh, II, 106 a-111 a.
Ghurābīya, II, 177 a.
Al-Huṭai'a, II, 369 b-370 a.
Idjāza, II, 475 a, b.
Ikhtilāf, II, 489 a, b.
Isma, II, 580ᵇ-581ᵃ.
Istikhāra, II, 600ᵃ-601ᵇ.

3. *Encyclopaedia of Religion and Ethics.* Edited by James Hastings, Edinburgh. T. and F. Clark. New York. Charles Scribners Son, I-XII, 1908-1919.

Sont signés par le professeur Goldziher les articles suivants :

Bismillāh, 1909, II, 666-668 (3o4).

Dāwūd b. 'Alī b. Khalaf, 1911, IV, 4o5-4o6 (3ao).

Education (*Muslim*), 1912, V, 198-ao7 (3a7).

Ghair Mahdī, 1913, VI, 189 (335).

Ibn Ḥazm, 1914, VII, 70-7a (3ha).

Ibn Taimīya, 1914, VII, 7a (343).

4. *The Historians History of the World*, a comprehensive narrative of the rise and development of nations as recorded by the great writers, of all ages, edited by Henry Smith Williams, LL. D. London, The Times.

Article signé par le professeur Goldziher :

The Principles of Law in Islam, 1907, VIII, 294-3o4 (a84).

5. *The Jewish Encyclopedia*, New York, London, 1901-1906, I-XII. Le professeur Goldziher était membre du Foreign Board of Consulting Editors. [Voir le compte rendu n° 464.]

Sont signés par le professeur Goldziher les articles suivants :

Islam, 1904, VI, 651-659 (a58).

Morosini, Giulio (*Samuel b. Nahmias b. David b. Isaac b. David Ba'al Teshubah*), 1905, IX, a9, 3o.

[Vu le sujet de ce dernier article, il semble peu probable qu'il ait été composé par le professeur Goldziher.]

6. *A Pallas Nagy Lexikona. Az összes ismeretek enciklopédiája* [Encyclopédie de toutes les connaissances] (I-XVI, Budapest, Pallas, 1893-1897 + deux volumes de Suppléments).

Sont signés par le professeur Goldziher les articles suivants :

Abbasz, I, 1a.

Abd-al-malik, I, 14.

Abdeszt, I, 15.

Abú Bekr, I, 51.

Abulfeda, I, 51.

Abu Nuvász, I, 5a.

Abu Temmám, I, 5a.

Aglabidák [Aghlabides], I, 157.

Ali, I, 363, 364.

Allāh, I, 384.

Almeh, I, 469.

Amr, I, 575.

Anszár, I, 689.

Antar, I, 692.

Arab irodalom [Littérature arabe], I, 790-797.

Arab nyelv [Langue arabe], I, 798-800.

Arameus nyelvek [Langues araméennes], II, 5.

Assemani, II, 226.

7. *Révai Nagy Lexikona Az ismeretek enciklopédiája* [Encyclopédie des connaissances] (Budapest, Révai, 1911-1922).

[Les articles sur l'histoire et la littérature arabes, sur la religion mahométane; les articles ne sont pas signés.]

IV

LIVRES, ARTICLES.

1862.

1. Sichat — Jiczchak (שיחת יצחק) Abhandlung über Ursprung, Ein-
theilung und Zeit der Gebete Von Ignaz Goldziher, Gymnasialschüler in
Stuhlweiszenburg, Pest, Druck von Johann Herz, 1862.

[Préface : Ce traité fut écrit parce que les prétendus orthodoxes mé-
connaissent l'essence de la prière. **Introduction** : Les sacrifices remplacés
par les prières. § 1. De l'origine des prières formulées : d'après Maimonide
il fallait formuler les prières, parce qu'on ne savait plus l'hébreu.
§ 2. « Division de la prière » : les prières différentes. § 3. « Si la prière des
dix-huit bénédictions est obligatoire. » Elle l'est au moins deux fois par jour.
§ 4. « Quelles études sont ordonnées ? » Parties de la Bible et de la tradition insérées dans les prières. § 5. « Quelles prières furent instituées par
l'Ecclesia Magna ? » Trois sont énumérées. § 6. « Les prières secondaires
des Israélites. » C'est dans ce chapitre qu'est traité le problème central du
livre : les piyyouttîm (prières en vers postérieures) sont-elles obligatoires,
sont-elles admissibles ? D'abord la critique est reproduite que Ibn Ezra avait
faite des pièces de Kalir. Puis une longue série d'autorités sont alléguées :
Maïmouni ; le Kouzari de Yehouda Hallévi, le grammairien R. Salomon
Parhôn, Zerahya Hallévi, David Qimhi, David Aboudraham, Menahem
ben Zerah, Rabbi Nissim, Joseph Albo, Moïse Minz, David b. Zimra,
Samouel Aboab, Ephrayim Lenschitz, Yaïr Baharah, Jacob Emden, His-
qiyah da Silva, Eliyah de Vilna qui tous désapprouvent la récitation des
piyyoutim. — En vain les adhérents fanatiques du piyyout se réfèrent-ils
à R. Moïse Isserles, même celui-ci se contente de déclarer, par concession
au fanatisme, qu'il n'est pas interdit de réciter ces pièces. **Conclusion** : les
piyyoutim ne doivent point interrompre les prières fondamentales, après
elles peuvent être récitées par ceux qui les comprennent. « Personne ne

doit s'exclure de la communauté. ». § 7. Quand faut-il lire le Sh'ma' ?
§ 8. « Quand faut-il faire la prière ? » § 9. « Le Sh'ma' a-t-il un **rapport**
essentiel avec la prière ? »]

[Notons aussi le titre que l'auteur de 12 ans donne à son opuscule.
« Sìchat Iiczchak » veut dire : « Causerie de Isaac », Isaac étant le nom hébreu de l'auteur. Mais c'est encore une allusion à la Genèse, xxiv, 63, où
il est dit que Isaac allait dans le champ לשׂוח lasûach, ce qui est expliqué
par l'aggada : il faisait sa prière. Le titre a donc un double sens : causerie
de Isaac, prière de Isaac, ou même causerie de Isaac sur la prière.]

1866.

2. *Egy tizenhatéves orientalista* [« Un orientaliste de seize ans », titre
donné par la rédaction aux deux contes traduits du turc en hongrois par
I. Goldziher] (Hazánk és a külföld, 1866, p. 333, 334).

1867.

3. *Ein neuer Kommentar des Schulchan Aruch* (Ben Chananja, X, Ausseror-
denliche Beilage, n° 12, 6-8).

4. *Erklärung jüdisch-deutscher Worte*, 1 (*Ibid.*, 8).

1868.

5. *Sullam Sara* [Sara Copia Shoullam] (Izraelita Közlöny, V, n°ˢ 21,
182, 183).

6. *A hittudósok kiváltságai a thalmud korában* [Privilèges des docteurs au
temps du Talmud] (*Ibid.*, n° 28, 253-255).

1869.

7. *Az álmok jelentósége a régi hébereknél* [Importance des songes chez les
anciens Hébreux].

8. *Adalékok a sémi gyöknyomozáshoz s a keleti népek művelődése történeté-hez* [Contributions aux recherches étymologiques dans les langues sémi-tiques et à l'histoire de la culture des peuples de l'Orient].

Ces deux mémoires, lus à l'Académie des Sciences hongroise, sont enregistrés dans le Bulletin de l'Académie : Akad. Ért., III, 114.

9. *Mit nyerhetünk a beduin élet ismerete által az Ó-Testamentom megértésére nézve ?* [Comment la connaissance de la vie des Bédouins sert-elle à faire comprendre l'Ancien Testament?] (Prot. T. Sz., 1).

1870.

10. **Studien über Tanchûm Jerûschalmi.** Inauguraldissertation, Leip-zig, List und Franke, 56 + 15.

11. *Mutanabbi und ein Jude* (H. B., 59-60).

12. *Zur Frage über den Sexualunterschied der Pflanzen* (Izr. Közlöny, VII, n° 9, p. 68).

13. *Berichtigung* (Ibid., n° 18, p. 143, 144).

14. *Herrn Rabbiners Löw neueste Leistung* (Ibid., I, n° 41, p. 333; II, n° 42, p. 339, 340; III, n° 43, p. 348, 349).

15. *Nachtrag* (Ibid., n° 44, p. 357).

16. *Zur Geschichte der Etymologie des Namens Nûh* (Z.D.M.G., XXIV, 207-211).

17. *Aus einem Briefe des Dr Goldziher an den Herausgeber* (Ibid., 710, 711).

1871.

18. **Beiträge zur Geschichte der Sprachgelehrsamkeit bei den Ara-bern. Mit Mittheilungen aus der Refâ'ijja** (Sitzungsberichte der phil. hist. Classe der kais. Akad. d. Wiss., LXVII. Bd., 207-251, Wien, 1871, 47 pages).

19. **Zur Charakteristik Gelâl Ud-Dîn Us-Sujûtî's und seiner literarischen Thätigkeit** (Sitzungsber. der phil. hist. Classe der kais. Akad. d. Wiss., LXIX. Bd., 7-28, Wien, 1871, 24 pages).

20. *A hetes szám az araboknál* [Le nombre sept chez les Arabes. Résumé d'un mémoire présenté à l'Académie des Sciences hongroise] (Akad. Ért., V, 140).

21. *Der ägyptische Arzt Muwaffik b. Saraah* (M.G.W.J., XX, 29-32).

22. *Arabische Äusserungen über Gebräuche der Juden beim Gebet und Studium* (M.G.W.J., XX, 178-183, 306-312).

23. *Numeri* xxiv, 15 (Prot. T. Sz., III. 12, 13).

1872.

24. **A héber nyelv elemi tankönyve.** Irta Dʳ Ballagi Mór. Második átdolgozott kiadásat eszközölte Goldziher Ignácz [Grammaire élémentaire de la langue hébraïque par le Dʳ Ballagi Mór, 2ᵉ édition remaniée par J. G.] (Pest, Petrik, 1872, v + 260 pages).

25. **Beiträge zur Geschichte der Sprachgelehrsamkeit bei den Arabern** (Sitzungsber. der phil. hist. Classe der kais. Akad. d. Wiss., LXXII. Bd., p. 587-631, Wien, 1872, 44 pages).

26. *Proben muhammedanischer Polemik gegen den Talmud.* 1, Ibn Ḥazm. Kobak : Jeschurun VIII, 76-104. — Voir n° 34.

27. *A történettudomány helye az arab irodalomban* [Place de la science de l'histoire dans la littérature arabe] (Prot. T. Sz., IV, 37-41, 53-57).
[Le sujet sera repris dans le n° 179.]

28. *Az aegyptologia és a bibliai exegesis* [L'égyptologie et l'exégèse biblique] (Prot. T. Sz., IV, 350-352, 364-368).

29. *Linguistisches aus der Litteratur der Mystik* (Z.D.M.G., XXXVI, 764-785).

1873.

30. A nemzetiségi kérdés az araboknál [La question de nationalité chez les Arabes] (Ért. ny. szép., III, 8, Budapest, 64 pages).

30ª. *Résumé de ce livre* (Ak. Ért., 1873, 3-5).

[Universalisme de Mahomet : dans l'Islam il n'y a pas de différence entre les races, entre les nations. Les Éthiopiens. Réveil de l'orgueil arabe après Mahomet. Réaction contre l'orgueil arabe : shou'oubiyya, Ibn 'Abd Rabbihi. Polémique contre la Shou'oubiya, Ibn Qouteyba, Ibn Fâris. Tendances anti-arabes chez Firdoûsi. L'orgueil arabe dans la littérature : 1° dans le roman d'"Antar; 2° dans Pseudo-Wâqidi. Rivalité de la Syrie et de l'Égypte. Le Mashriq et le Maghrib.]

Spécimens de manuscrits :

1° D'Ibn 'Abd Rabbihi, Kitâb-al-iqd-al-farîd;

2° D'Ibn Qouteyba;

3° D'Ibn Khaldoûn;

4° Poésie de Bougheyr;

5° D'Ibn Ya'îsh.

31. Beiträge zur Geschichte der Sprachgelehrsamkeit bei den Arabern, III, Abu-l-Husein ibn Fâris (Sitzungsberichte der phil.-hist. Classe der kais. Akad. d. Wiss., LXXIII. Bd., 511-552, Wien, 1873, 44 pages).

32. *Mahommed és az arab nemzeti hiúság* [Mahomet et la vanité nationale des Arabes] (Athenaeum, I, 148-157).

[Lutte de Mahomet et de la tradition mahométane contre le particularisme national, l'orgueil des tribus, la science de la généalogie.]

33. *Tanügyi reformok Egyptomban* [Réformes d'enseignement en Égypte. A propos du livre du Dr Édouard Dor : L'instruction publique en Égypte, Paris, 1872] (Magy. Tanügy., II, 129-137, 201-208).

[Les réformes en Égypte sous Mehemet Ali, Abbâs, Saîd, Ismail ne s'accommodent guère aux traditions du pays ni au caractère des institutions. On imitait plutôt l'Europe. On négligeait l'enseignement primaire. Les écoles primaires en 1872 sont à peu près les mêmes que mille ans auparavant. L'éducation traditionnelle ne tendait qu'à élever des Mahométans orthodoxes. Auprès du qorân on n'enseigne que fort peu de mathématiques. Encore manque-t-on de maîtres d'écoles pour ces besoins primitifs. Sur 23,800 enfants qui devraient, au Caire, fréquenter les écoles primaires, il n'y en a que 8,753 qui les fréquentent. Pas un seul séminaire (= école normale) d'instituteurs. Cependant on s'empresse de créer des écoles secondaires et de hautes écoles. Parmi celles-ci il n'en est qu'une seule qui satisfasse aux besoins : l'école de médecine. Néanmoins on tend déjà à réunir l'enseignement entier dans un complexe organique.]

34. *Proben muhammedanischer Polemik gegen den Talmud*. II. Ibn Kajjim ul-Ġauzija. Kobak : Jeschurun, IX, 18-47. — Voir n° 26.

35. *A héber tanulmányok főiskoláinkban* [Les études hébraïques dans notre enseignement supérieur] (Magy. Tanügy, II, 94-99).

36. *Das Gutachten des Maimonides über Gesang und Musik* (M.G.W.J., XXII, 174-180).

37. *Quarantaine* (Pester Lloyd, 1873, n° 234).

38. *Kirándulás Heliopolis felé* [Excursion vers Héliopolis] (Pesti Napló, 1873, n°° 281, 282).

39. *Aus zwei Briefen Dr Goldzihers an Prof. Fleischer* (Z.D.M.G., XXVII, 155-156).

1874.

40. Jelentés a M. T. Akadémia Könyvtára számára keletről hozott könyvekről, tekintettel a nyomdaviszonyokra keleten [Rapport sur les livres rapportés de l'Orient pour la bibliothèque de l'Académie des Sciences hongroise, avec un coup d'œil sur l'état des imprimeries en Orient] (Ert. ny. szépt., IV, 5, Budapest, 42 pages).

40ª. *Résumé de ce rapport* (Ak. Ért., 1875, 103-104).
[L'islam et l'imprimerie. L'imprimerie dans les pays musulmans. Les imprimeries du Caire : 1° de Boûlâq; 2° imprimeries privées. L'imprimerie de Boûlâq sous Mouhammad Ali, sous Abbâs, sous Ismaïl. Énumération des œuvres principales acquises pour l'Académie, avec la caractéristique

des auteurs et des ouvrages : 1. Exégèse du Qorân (tafsîr); 2. Tradition (ḥadith) et Ghazâlî; 3. Droit canonique (fiqh); 5. Adab; 6. Lexicographie; 7. Aghânî; 8. ʿAntar; 9. Proverbes; 10. Historiographie; 11. Damîrî.]

41. Beiträge zur Literaturgeschichte der Sîʿâ und der sunnitischen Polemik (Sitzungsberichte der phil.-hist. Classe der kais. Ak. d. Wiss., LXXVIII. Bd., 439-524. Wien, 1874, 88 pages).

42. *Egyptom uj korszaka* [La nouvelle époque de l'Égypte] (Athenaeum, II, p. 1090-1098, 1154-1159, 1218-1222).

43. *Aus einem Briefe des Dr I. Goldziher von Cairo 7. Februar* (Berliner's Magazin für jüdische Geschichte und Literatur, I, 28).

44. תריג מצות *in der muhammedanischen Tradition* (*Ibid.*, I, 58).

45. *Der Buchhändler in Damaskus* (Pester Lloyd, nᵒˢ 111-112).

46. *Journalistik im Orient* (Pester Llyod, nᵒˢ 173, 174, 175).

47. *Das Mahmal* (Pester Lloyd du 23 août).

48. *Töchtererziehung im Orient* (Pester Lloyd, nᵒ 372).

49. *Aus einem Briefe Dr Goldzihers an Prof. Fleischer* (Z.D.M.G., XXVIII, 161-168).

50. *ʿAli b. Hejmûn al-Magribi und sein Sittenspiegel des östlichen Islam* (Z.D.M.G., XXVIII, 293-330).

51. *Aus einem Briefe des H. Dr Goldziher an den Herausgeber* (Z.D.M.G., XXVIII, 493).

52. *Unter der Bulaker Presse befindliche arabische Werke. Aus einem Briefe des Hasanein Efendi* (Z.D.M.G., XXVIII, 679-680).

1875.

53. *Muhammedán utazókról* [Voyageurs mahométans] (Földrajzi Közlemények, III, 91-102, 148-170).

[Le préjugé européen, que les Orientaux, apathiques et flegmatiques, manquent d'élasticité, est réfuté par la riche littérature géographique des Arabes. Pour les problèmes de la géographie physique ils s'attachent encore trop à Ptolemaeus, à ses sept climats. Mais leur littérature abonde .en œuvres topographiques. Ritter et Kiepert en profitent beaucoup; Kiepert a même appris l'arabe. Publications de Reinaud, de Wüstenfeld, de De Goeje. Yâqoût du xii° siècle surpasse Ortelius du xvi°.

Le goût des voyages fondé sur le Qorân (ix, 2) : «traversez tous les pays», sur la tradition, prêché par les poètes.

Voyages de caractères différents : 1. Voyages de commerce. 2. Pèleri-nages, haddj; voyages de Ibn Batoûta, publiés par la Société asiatique de Paris; le mutavvifi, guide de pèlerinage. 3. Voyages des dervish, par exemple voyages de ʿAbd al-Ghânî al-Nabloûssi. 4. Voyages d'études.

Voyages des Orientaux en Europe. Evliya Efendi (xvi° siècle). Mirza Abou Tâlib Khan, son livre sur l'Europe, surtout sur l'Angleterre. La «Mis-sion égyptienne» et .ses élèves envoyés en Europe. Rifâʿa, type respectable de l'Arabe moderne, qui tout en rendant hommage à la science, à la phi-losophie européenne, à Sylvestre de Sacy, à Caussin de Perceval, ne laisse pas de s'attacher à son Islam, à sa culture arabe. Ahmed Efendi Fâris sur les mystères de l'Europe.]

54. *Polemik der Drusen gegen den Pentateuch* (Jüd. Zeitschr., XI, 68-79).

55. *Zur Seite 112 des vorigen Jahrgangs* [*Istar*] (Magazin f. jüd. Ge-schichte u. Literatur, II, 12).

56. *A mythologia tanításáról* [L'enseignement de la mythologie] (Magy. Tanügy, IV, 115-120, 172-177).

57. *A nap és hold nevei a sémi nyelvekben* [Les noms du soleil et de la lune dans les langues sémitiques] (Nyt. K., XII, 221-256).

[La mythologie d'un peuple se reconstruit : 1° de ses récits; 2° de son lexique. Sources de la mythologie sémitique. Mythes assyriens. Mythes phéniciens. Le problème de Philo Byblius. Contributions à la mythologie du lexique des langues sémitiques. Dénominations arabe, hébraïque, phénicienne, araméenne, assyrienne pour le soleil, la lune, l'aube, le ciel. Conclusions mythologiques des noms.

Explication mythologique du xlix⁰ chapitre de la Genèse («bénédiction
de Jacob»), des noms des fils de Jacob et du nom d'Ashêra.]

58. *A sémi faj őshazájáról és vándorlásáról* [La patrie et la migration de
la race sémitique] (Nyt. K., XII, 285-340).

[Théories précédentes. Renan : Aram, centre commun de la race. —
'Êden. Théorie de Hehn : expansion de la vigne.

'Ivrîm = émigrants, nomades. Résidus de l'état nomade dans le langage
postérieur; parenté et propriété.

Théories fantastiques de J. G. Müller, de Jules Grill. Théorie de la parenté aryenne-sémitique.

Conclusion : la patrie (*officina gentium*) des Sémites c'est l'Arabie.
L'arabe c'est le sanscrit des langues sémitiques. Déclinaison, nounation,
conjugaison, *pluralis fractus*. (Exemples modernes : asvâ, pluriel du mot
français «sou»; barâgish = explorateurs de l'Égypte, pluriel de brugsch;
les Hongrois sont désignés par les pluriels suivants : mudjûr, amdjàr,
madjâhir).

Preuves de l'histoire religieuse : noms des dieux, histoire de la prière.]

59. *Aus einem Briefe des Herrn D⁰ Goldziher an Prof. Loth* (Z.D.M.G.,
XXIX, 320-321).

60. *Abû-l-ᶜAlà al-Maᶜarri als Freidenker* (Z.D.M.G., XXIX, 637-641).

61. *A vallásos eszme fejlődése a régi hébereknél* [L'évolution de l'idée
religieuse chez les anciens Hébreux] (Zsidó Évkönyv. Szerkeszti Kiss Jósef.
Budapest, Franklin, 1875, 33-52).

1876.

**62. Der Mythos bei den Hebräern und seine geschichtliche Entwik-
kelung** (Leipzig, Brockhaus, xxx + 402 pages). — Voir n° 65.

63. *Arábia régi geographiájáról* [De l'ancienne géographie de l'Arabie]
(Földrajzi Közlemények, III, 63-75).

64. *A mythos-tudomány jelen állásáról és új problémáiról* [État actuel
et nouveaux problèmes de la science mythologique] (Nyt. K., XII, 117-
159).

[Introduction à l'œuvre sur les mythes n° 62 et n° 65.

Théories aventurées antérieures : symbolisme de Creuzer et de **Nork**, théologisme de Schelling; Jules Braun fait remonter tous les mythes à l'Égypte et les fait répandre par les Chaldéens.

La mythologie scientifique fondée par Adalbert Kuhn, par Max Müller, par Cox, par De Gubernatis sur la langue et sur la comparaison.

Application de la méthode de la mythologie comparée des Aryens aux autres races. La mythologie des peuples dits touraniens. Espace, temps, causalité.

Problèmes récents. Application de la méthode comparative à la mythologie des Hébreux par Steinthal. La thèse de Renan réfutée. La mythologie des Sémites. Mythologie distincte des primitifs, des nomades, des laboureurs.]

1877.

65. A spanyolországi arabok helye az iszlám fejlődése történetében összehasonlítva a keleti arabokéval [La place des Arabes de l'Espagne dans l'histoire de l'évolution de l'Islam, comparée à celle des Arabes de l'Orient] (Ert. ny. szépt., VI, n° 4, 80 pages).

65°. Résumé dans Ak. Ért., 1876, 178-180.

[Thèse : la supériorité appartient-elle aux Arabes de l'Espagne ou à ceux de l'Orient? Rapports mutuels de la civilisation arabe-espagnole et de la romane-chrétienne. Témoignage du dictionnaire arabe ancien et moderne. Distinction du Mashriq (Orient) et du Maghrib (Occident) : 1° par le costume; contribution à l'histoire de la mode; 2° par l'écriture; 3° par le langage. La différence entre les Arabes d'Orient et ceux d'Occident reflète : 1° la lutte de l'esprit indépendant de la Mecque avec le piétisme de la Médine; 2° la lutte des Abbasides et des Oumayyades; 3° les divergences entre l'école de Abou Ḥanîfa et Mâlik ibn Anas. Appréciation détaillée et chaleureuse des tolérances, des indulgences, du libéralisme de Abou Ḥanîfa. Étroitesse et rigorisme de Mâlik ibn Anas adoptés par l'Occident. Les sciences et les arts en Orient et en Occident. Les sectes et le soufisme naissent et évoluent en Orient. Le Mashriq l'emporte sur le Maghreb.]

66. **Mythology among the Hebrews and its historical development.**
Translated from the german, with additions by the author by Russell Martineau, London (Longmans Green), XXXV, 457. Appendix : Two essays
by H. Steinthal, The original form of the Legend of Prometheus, The
Legend of Samson. Voir n° 62.

67. *George Smith* (E. Ph. K., I. 22-35, 102-110, 160-167).

68. *Moabita régiségek* [Antiquités moabites] (E. Ph. K., I, 219-221).

69. *Aus einem Briefe des Herrn Dr Goldziher an Prof. Fleischer* (Z.D.M.G.,
XXXI, 545-549).

70. *Matth. vii. 5. in der muhammedanischen Literatur* (Z.D.M.G., XXXI.
765-767).

1878.

71. **A nyelvtudomány történetéről az araboknál.** Irodalomtörténeti
kisérlet [De l'histoire de la science de la langue chez les Arabes. Essai
d'histoire littéraire] (Nyt. K., XIV, 309-375. Budapest, Franklin,
71 pages).

71ª. Résumé dans Ak. Ért., XI, 1877, 111-112.
[Cinq chapitres.

I. Réveil du sentiment de grammaire conscient et origine de la science
grammaticale chez les Arabes.

Près du sanscrit c'est l'arabe qui a prêté aux plus abondantes recherches
sur la langue. Édition des grammairiens arabes. Devoirs de la science moderne. Thèse de Renan : la grammaire arabe est la création originale du
génie arabe. Réfutation. De même que la dogmatique mahométane s'inspire des discussions dogmatiques de l'Église orientale, de même les origines de la grammaire arabe remontent aux modèles syriaques.

II. Les dialectes et la langue vulgaire chez les grammairiens arabes :

1° Ce que pour le grec était le dialecte attique, c'est pour l'arabe le
parler des Qoureyshites. Éléments non qoureyshites du Qorân. Qoureyshisation des anciennes traditions religieuses et poétiques. Particularités des
dialectes. — Expériences personnelles.

2° La langue vulgaire. La langue littéraire, observée par Palgrave comme langue vivante du Nedjd: ses dénominations. La langue vulgaire, ses dénominations, ses particularités.

III. Koûfâ et Basrâ. Koûfâ : anomalies, sbâḍḍ, shavâḍḍ; Baçrâ : analogie, qiyâs.

IV. Influence de la philosophie et de la science religieuse sur l'évolution de la grammaire arabe.

1° Philosophie du langage. Doctrine orthodoxe : $\varphi\acute{v}\sigma\epsilon\iota$; doctrine mou'tazilite : $\vartheta\acute{\epsilon}\sigma\epsilon\iota$. Origine et différences des langues. Philosophie de la langue chez Faḫr-al-Dîn-al-Râzî.

2° Méthode de la science grammaticale arabe et la science du fiqh.

Réunion encyclopédique des doctrines grammaticales conformément aux istiblâf al-maḍâhib.

V. L'étymologie dans la science grammaticale arabe.

Ishtiqâq al-asghar, al-kabîr, al-akbar. Les lexicographes, tendances modernes de Ahmed Fâris et de Boutrous al-Boustânî.]

72. *Az összehasonlító vallástudomány módszeréről. A vallásbölcsészet kézikönyve.* Irta Dr Kovács Ödön n. enyedi theol. tanár, 2 kötet. Budapest, Franklin, 1877-1878, xx + 388 + 312 pages [De la méthode de la science des religions comparée. A propos du Manuel de philosophie religieuse par le Dr Edm. Kovács, professeur à Nagyenyed] (Magy. Tanügy, VII, 171-186).

[Histoire de la science des religions. Désir de Feuerbach que, comme l'astrologie a cédé à l'astronomie, de même à la théologie se doit substituer la théonomie. La «Science of Religion» de M. Müller. Précurseurs. Aristote déjà voit des rapports entre les idées religieuses et les idées politiques d'un peuple. Hume établit que partout le polythéisme a précédé le monothéisme. La science des religions comparées en Hollande, en Allemagne, en Angleterre. Hibbert-lectures. La science des religions comparées s'ensuit conséquemment de la mythologie comparée; leurs relations.

Classifications morphologiques, dialectiques, ethnologiques des religions : Kant, Hegel, Rosenkranz, Pfleiderer, Scholten, M. Müller, Kovács. La classification doit être fondée sur l'évolution. Degrés de cette évolution d'après John Lubbock : 1° athéisme; 2° fétichisme; 3° totémisme; 4° shamanisme; 5° anthropomorphisme; 6° transcendantalisme; 7° éthicisme. Ce système devait être complété et relié à l'évolution des mythes.]

73. *Ueber muhammedanische Polemik gegen Ahl-al-Kitâb* (Z.D.M.G., XXXII, 341-387).

1879.

74. *Muhammedán főiskolai élet* [La vie aux écoles mahométanes supérieures] (B. Sz., XX, 302-323). — Voir n° 85, chap. v.

75. *Ujabb mythologiai áramlatok* [Nouvelles tendances mythologiques] (E. Ph. K., III, 529-537; 602-624).

[La méthode de mythologie comparée de Kuhn. M. Müller, Cox, Roscher approuvée par des philologues et des psychologues se trouve contestée par les ethnographes. Cependant la mythologie comparée est solidement fondée sur la philologie comparée, tandis que les ethnographes préfèrent partir des peuples dont les langues ne sont pas encore classifiées par la science.

L'école de la mythologie comparée ne doit pas être compromise par les aberrations ridicules de quelques-uns de ses fanatiques. Exemples.

Herbert Spencer, Bleek et Edward Tylor. Le système de Spencer. L'animisme. Critique de ce système : il ne tend qu'à expliquer l'origine de la religion, il n'explique point les mythes, moins encore les épopées mythiques et les multiples rapports des mythologies. Le culte des ancêtres est un trait essentiel, mais il n'est qu'un seul trait des religions et des traditions.

Critique de la Mythologie comparée de Girard de Rialle d'après laquelle les degrés de l'évolution seraient : le fétichisme, le polythéisme, le monothéisme.]

76. I. *Die Quellen mohammedanischen Lebens und mohammedanischer Wissenschaft in Kairo. II. Notizen über die Universitäts-Moschee al-Azhar* (Ebers : Aegypten in Bild und Wort, Stuttgart und Leipzig, Hallberger, 1879, 1880, vol. I, 347 et suiv.; vol. II, 71-88).

77. *Jugend- und Strassenpoesie in Kairo* (Z.D.M.G., XXXIII. 608-630).

78. *Muhammedanische Traditionen über den Grabesort des Josua* (Z.D.
P.V., II, 13-17).

1880.

79. A magyar nemzeti múzeumi könyvtár keleti kéziratai [Les
Manuscrits orientaux de la bibliothèque du Musée National hongrois] (Magyar könyvszemle, Budapest, 45 pages).

[Après le travail préalable de Hammer-Purgstall, de Vámbéry, de Joseph Perlesz, détermination des manuscrits arabes, persans, turcs de la bibliothèque du Musée national de Budapest.]

80. *Az izlam építészeti emlékei; kapcsolatban a muhamedán világnézettel.
Kivonat* [Les monuments de l'architecture musulmane, en rapport avec
les idées mahométanes. Résumé] (Ak. Ért., XIV, 17-18).

81. *Adalékok a keleti tanulmányok magyar bibliographiájához a mult században* [Contributions à la bibliographie hongroise des études orientales au
siècle passé] (E. Ph. K., IV, 113-129).

82. *Polyandry and Exogamy among the Arabs* (Academy [London],
1880, juillet, XVIII, 26).

83. *Über jüdische Sitten und Gebräuche aus muhammedanischen Schriften*
(M.G.W.J., XXIX, 302-315, 335-365).

84. *Le Culte des Saints chez les Musulmans* (R.H.R., II. 257-351. Aussi
tirage à part. Paris, Ernest Leroux, 95 pages).

1881.

85. Az iszlám. Tanulmányok a muhammedán vallás története köréből [L'Islam. Études sur l'histoire de la religion mahométane] (Budapest,
M. Tud. Akadémia, 412 + xi pages).

[Table des matières :

I. La religion du désert et l'Islam. L'Islam n'est pas le produit
du génie arabe universel. Théories opposées de Döllinger, de Sprenger, de
Krehl, de Renan. Croyances des Arabes avant l'Islam; fétichisme; absence

des idées morales. Preuves tirées de la langue et de la tradition que les Arabes avant Mahomet ne priaient pas. Fêtes; «fête de la bête féroce». Lois et coutumes populaires païennes concernant la nourriture. Idées religieuses des Bédouins : mourouvva. Guerre de Besoûs, Dâhis et Guabra. — Sentiments de droit: alliance de Fadl. Place de la mourouvva dans la doctrine de Mahomet. — De la coutume barbare de *tu'ada*. Parallèle entre la morale des Bédouins et entre celle que l'islam proclame. Les fils du désert ne goûtent ni les institutions fixées ni la religion positive. — L'état religieux des Bédouins d'aujourd'hui, décrit par les voyageurs modernes, peut s'appliquer à caractériser les Bédouins du temps de Mahomet. Raisons détaillées pour lesquelles le génie arabe s'était opposé à l'Islam. Convention superficielle. Frivolité en face de ce qui était sanctifié par l'Islam. Légendes miraculeuses sur la conversion. Aversion des successeurs de l'aristocratie de la Mecque pour l'Islam; les khalifes oumayyâdes. Les institutions de l'Islam sont créées par le génie des peuples non arabes.

II. **Traditions de l'Islam.** Épée et qorân. Le qorân ne présente qu'un tableau incomplet de l'Islam. La tradition mahométane. Lacunes du qorân, doutes, incertitudes; exemples. La tradition mahométane; sa forme. Exemples : 1° du rite; 2° de la doctrine juridique; 3° du droit criminel. Critériums de l'authenticité des traditions. Traditions apocryphes. Fabrication des traditions. Mesures prises contre les falsificateurs. Traditions à tendance politique, à tendance polémique, sounnites et shi'ites. Traditions forgées pour sanctionner des institutions étrangères, p. e. la fête de nôroûz. Traditions sur l'excellence des khalifs. Authenticité du texte des traditions. Critique. Mâlik b. Anas, Al-Boukhâri, Mouslim. Contradictions des versions. La tradition source du droit. Écoles de droit traditionnel et spéculatif.

III. **Le culte des Saints et les résidus des anciennes religions dans l'Islam.** Saints mahométans dans l'ancienne littérature de voyages. Velî. Distinction. Le «divin» et l'«humain» vigoureusement distingués par l'Islam. — Rang du prophète entre ces deux sphères. Les anges. Déclaration monothéistique du mouezzin Samnoûn. Les saints au commencement de l'Islam. L'Islam développé place le prophète et les saints de plus en plus haut. Apothéose des saints dans le schi'itisme. En quoi les saints de l'Islam se distinguent-ils des saints d'autres religions. Culte des reliques. Influence de l'absence de représentation par images sur l'évolution des légendes. Imagination effrénée : saints à sept yeux, volant, mouvant des montagnes. Parallèles des contes populaires et des légendes. Origine de la nécropole du Caire (karâfa); légendes; tombeau de l'imâm Al Shâfi'i 'Omar b. al-Farid; le père des miracles; l'oiseau miraculeux. Les catégories des miracles d'après Al-Munâvi. Les saints se vantent : Al-Sha'râni, Ibrahīm al-Dasoûki, Ahmed al-Bedavi, 'Abd alKâdir al-Djili. — Les théologiens s'opposent aux soûfis; le sheykh des sheykhs exécuté. Réconciliation des idées opposées. — Force miraculeuse des saints après leur mort; supplice de la profanation des tombeaux. Des miracles empêchent le transport des saints cadavres. — La visite des tombeaux des saints remplace le grand pèlerinage. Le tombeau de Kenné — de 'Abd al-Kâdir. — La femme dans l'Islam. Religieuses et couvents mahométans en Égypte, en Arabie, au Nord de l'Afrique. La sainte Nefisa. Le culte des saints produit par le rapport de l'Islam avec des autres religions. Traditions hindoues mahométanisées. Les deôtâ deviennent saints musulmans. Dourgapouya et 'Ashoûra. — Tombeaux des patriarches et des prophètes, les traces des pas de Mahomet dans les Indes. Accommodation de l'Islam. Les divinités syriennes et phéniciennes devenues saints. Le prétendu prophète Zer. Phénomènes analogues en Palestine : Moïse, Ruben devenus velîs. Le tombeau du Nebî Daûd en terre moabite. Seykh Ma'shoûk, traduction mahométane d'Adonis. Appuis linguistiques de la métamorphose. Théories de Ganneau. Reste du culte des animaux en Égypte. Traces de la panégyris de Bubastis dans le pèlerinage de Tanta : Ahmed al Bedavi; abominables résidus: Typhon et l'âne des dervishs de Tanta. — Ténacité des fêtes populaires; résidus de fête païenne parmi les Bédouins de la péninsule du Sinaï près du tombeau prétendu de Sâlikh; l'opposition des théologiens n'a pas réussi à faire cesser la fête de Tanta. Résidus du culte des serpents; les serpents du Sheykh Haridi; rapports des voyageurs. Résidus du culte des arbres en Syrie : Sitti Zeytoûn, Sheykh Abou Zeytoûn. Résidus du culte des pierres à Aleppo et près de Sidon. Culte des poissons en Syrie, en Phénicie, au Maroc. Légendes des personnages bibliques appliquées aux saints mahométans : Simson et 'Alî Mervân, Josué et 'Ali. Martyrs chrétiens deviennent saints mahométans. Scepticisme mahométan envers le culte des saints; Al-Makrîzi combat l'authenticité des saintes sépultures. Le tombeau de saint Turâb produit par un nom appellatif mal entendu. Précurseurs de l'opposition

contre le culte des saints; ʿOmar, Ali et la « pierre noire ». Dans la tradition
les tendances opposées se font valoir: opposition au culte de la pierre
noire an v⁰ siècle de l'Islam; opposition au culte des saints au xviii⁰ siècle.
Opposition dogmatique des mouʿtazilites: sept arguments contre les
miracles des velîs. Le vahhabisme expliqué par des influences d'histoire religieuse et ethnographique; le véritable rapport avec le génie conservateur
des Arabes. Les Bédouins ne sont pas disposés au culte des velîs, qualité
des saints des Bédouins et leur relation avec la mourouvva et l'idéal des Bédouins: ce culte n'a rien de mahométan. Sheykh Sherâk, saint du Hauran,
gardien de la propriété. Rapport du culte mahométan des saints avec le
culte des ancêtres. Côté moral des saints bédouins. Des brigands comme
saints bédouins. Abou Ghôsh; les héros de la tribu des Abou Nouseyr;
Sheykh Sible.

IV. **Les monuments d'architecture mahométane en rapport avec les
idées de l'Islam.** Des ruines de mosquées se trouvent bien souvent: Rev.
Manning l'explique par l'irréligiosité des Mahométans: réfutation. Caractère
de la religiosité mahométane en Égypte : optimisme sans irréligiosité; raisons ethnographiques. La négligence envers les monuments de la vie religieuse s'explique par deux raisons. Caractère nomade de l'architecture
arabe, elle ne prétend pas à l'éternité. Contraste des monuments antiques et
des monuments mahométans en Égypte. Les plus durables monuments
étaient ceux qui n'étaient pas destinés au culte mahométan; mosquée des
Omayyâdes. On aimait à se servir de la matière des anciens édifices;
la mosquée d'ʿAmr au Caire; Qoubbat al-sakhra à Jérusalem. Même pour la
reconstruction de la Kaʿba de la Mecque on se sert d'architectes non arabes.
La mosquée Toûloûn au Caire construite par un architecte byzantin; les
khalifs en Espagne engageaient aussi des artistes byzantins. Histoire de la
construction de la mosquée Mouʿayyad. Le « cattivo occhio » comme facteur
d'architecture. Histoire de la construction de la mosquée de Hassan. Fondation de puits; « ceux qui ont soif dans le chemin de Dieu »; école d'or-
phelins. Beaucoup de mosquées furent détruites par le fanatisme des
partis et des sectes religieux; les khalîfs omayyâdes ne respectaient pas
même la kaʿba; vandalisme de Haddjâdj b. Ioûsouf. Délabrement des
mosquées dans les anciennes villes par suite de la construction de quartiers
nouveaux; le Caire antique, le Caire moderne. Intérêt des Fatimides de

faire oublier les traditions de l'ancien Caire. L'Oriental manque de sens
historique; la science de l'histoire dans l'éducation mahométane; Al-Fa-
khri et 'Abd al-Latîf; les souvenirs du passé ne sont pas respectés; utilita-
risme: il ne faut pas faire durer ce qui est éphémère.

V. La vie d'université mahométane. Deux sortes d'universités mahométanes. Influence des écoles mahométanes sur l'Europe et sur la science
de l'Occident. Al-Azhar l'académie la plus célèbre de l'Islam, mosquée et
université à la fois. Appréciation de la science dans l'Islam; fondations
pieuses pour l'enseignement scientifique. Origine et évolution de la mosquée
d'Azhar; le caractère d'abord shî'ite supplanté par la sounna dont les
quatre systèmes y sont également représentés; à l'origine le rite shâfi'ite,
puis le hanefîte l'emporte. Proportions statistiques des quatre madzâhib à
l'académie. Fondations pieuses pour les étudiants. Mouhammed 'Ali sou-
met les fonds de la mosquée à la surveillance de l'État. Budget de l'académie. Qualification et nomination des professeurs. Le recteur Mahdi. —
Appointements des professeurs. Les étudiants; internat, rivâk, hârât. Sta-
tistique comparée des professeurs et des étudiants de 1871 à 1877. Visite
dans la mosquée. Espace intérieur de l'académie. Sheyk Al-Sakkâ. Collège
des aveugles. Caractère des cours, Cahiers. Division du temps. Veilles dans
la mosquée. Grande prière du vendredi. Importance du vendredi dans
l'islam. Soûra de la grotte. Récitation mélodieuse du qorân. Le ezân dans
la mosquée. Office des *mouballigh-s.* Premier sermon (khutbat al-va'z);
·deuxième sermon (khutbat al-na't); son importance politique. Modèle du
sermon na't. Prière; armée des priants: «garde des anges». Mosquée «de
jeunes filles».

VI. Préjugés sur l'Islam. Jugement superficiel sur l'Islam. Pour juger
l'Islam il faut regarder les documents fondamentaux, non pas l'état des
peuples mahométans. Valeur des idées individuelles dans l'Islam. Le khalîf
Haroûn al-Rashîd et le code de Mâlik b. Anas. On évite la classification de
la doctrine, du droit. Importance de l'interprétation canonique des anciens
textes pour juger le génie de l'Islam. Idées mahométanes sur la division des
confessions. 'Omar ennemi du stabilisme ecclésiastique. Idjtihâd, mu-
djtahid. Osborne et Dozy sur la stabilité de l'Islam. Le climat de l'Orient et
la raideur de l'Islam. Doctrines de Ballanche, de Cousin, de Montesquieu
là-dessus. Réfutation de Laurenti Ewald. Exemple pour la modification pé-

riodique des lois de l'Islam. Les lois d'économie sociale nées du nomadisme se modifient d'elles-mêmes quand la vie se modifie; mukhâbara. Double juridiction dans la société mahométane. Loi canonique et civile en Perse, en Égypte, chez les peuples mahométans du Caucase. Religions tolérées sous la domination de l'Islam. Abolition de la doctrine du qorân sur ce point. La conception de «ahl al-kitâb» s'élargit. L'Islam défend de faire du mal aux fidèles des autres religions, même ordonne de les protéger. Effet de la mouruovva païenne. La doctrine du «voisin». 'Omar et le gouverneur intolérant de Boçra. «La maison du Juif» à Boçra. Accusations contre les qualités morales de l'Islam. Le formalisme sans esprit de l'Islam, d'après Osborne, Döllinger, Michaud et Dozy. Quelques raisons du formalisme de l'office mahométan. Rôle inférieur de la mosquée dans l'office mahométan. Doctrine de la tradition sur l'insuffisance de la forme et sur l'importance de l'intention. L'Islam apprécie mieux l'état d'âme moral que les actions extérieures, la science religieuse mieux que la ferveur. La véritable vertu et la piété d'après le qorân. «Ikhlâs» dans la prière. Al-Ghazzâlî. «Réveil de la science de la religion.» Amélioration de l'état de la femme par l'Islam. Réformes de Mahomet dans le droit de matrimonium. Jugement de Ghazzâlî sur le divorce. Conclusions.

Appendice : Traduction des «Quarante traditions» (Arba'în) de Al-Navavi.]

86. *Az összehasonlító vallástudomány jelen állásáról* [L'état actuel de la science des religions comparée] (B.Sz., XXVI, 203-225).

[Problèmes : évolution, hénothéisme, synthéisme. Passé de la science : Hume, Natural history of Religion (le polythéisme précède le monothéisme), le président De Brosses (1760, fétichisme), Hegel, Schelling, Comte, Max Müller. Hibbert-Lectures. La science en Hollande. La chaire de l'histoire des religions au Collège de France; appréciation de Jules Soury et d'Albert Réville. Fondation de la Revue de l'Histoire des Religions.]

87. *Az összehasonlító mythologia fejlődése* [Le développement de la mythologie comparée] (B. Sz., XXVIII, 1-35).

[Histoire des recherches mythologiques. Charles-François Dupuis : L'origine de tous les Cultes ou la Religion universelle (Scepticisme).

Heyne (Anti-cuhémérisme; mythologie = philosophie). Hermann Gottfried
(Explication philosophique et étymologique). Frédéric Creuzer (Symbolisme, universalisme). J. H. Voss : Antisymbolik. — Ottfried Müller (le
mythe c'est l'union du réel à l'idéal). Adalbert Kuhn, Le Page Renouf,
Max Müller (mythologie comparée fondée par la philologie comparée).
Sophus Bugge (mythologie scandinave). G. W. Cox : An introduction to
the science of Mythology and Folklore. — Programme pour la science
mythologique hongroise.]

88. *A népetymologiáról a keleti nyelvekben* [De l'étymologie populaire dans
les langues orientales] (E. Ph. K., V, 472-481).

[Étymologie biblique. Étymologies vulgaires, p. e. *agence* devient *djins-
siyye*, *ambassadeur* devient *Basha Doùr*. *Al* au commencement des noms
étrangers est pris pour l'article : p. e. Elisha (Élisée) devient Yasha', ʿAzar
de Elaazar, Yé's de Iljás (Élie); au contraire l'arabe al-ʿoùda devient port.
Alaude, esp. laud, ital. liuto, franç. luth, allem. Laute, hongr. lant. —
Étymologies populaires dans les noms géographiques : Λαρισσα Al-ʿArish,
Djismaniyye de Gethsemané, Alf-yaùm (1,000 jours) de Al-Fayyoùm:
Mennoùn (statue) statue de Memnon; ʿÈd elmijje (fêtes des cent) de
ʿAdoullam. — Compositions populaires avec Aboù. p. e. Aboù Seydoùn
de Poseidon.] — Voir n° 129.

89. *Zur Literaturgeschichte des chata' al-ʿàmmà* (Z.D.M.G., XXXV, 147-
152).

1882.

90. *A muhammedán közvéleményről* [De l'opinion publique mahométane]
(B. Sz., XXX, 234-265).

[Journaux et journalistes arabes en Turquie, en Algérie, en Tunisie, en
Égypte. Journaux arabes dirigés par les gouvernements chrétiens. Journaux
intransigeants : le *Djavàyib* à Constantinople, la *Raïd* à Tunis, le *Hidjàz*
au Caire. Panislamisme et nationalisme. Lutte et réconciliation des tendances religieuses et nationales. Le Caire, centre de ces tendances. L'Académie d'Al Azhar. Spécimens abondants du *Hidjàz*.]

91. *Islam in Africa* (Pester Lloyd des 12, 14, 19 avril).

92. *Beiträge zur Erklärung des Kitâb al-Fihrist* (Z.D.M G., XXXVI, 278-284 : 1. Über schî'itische und sunnitische Sectenbenennungen, 278-284; 2. Über die Benennung des Vulgärarabischen, 282-284).

93. *Aus einem Briefe von Dr Goldziher an Prof. Fleischer* (Z.D.M.G.. XXXVI, 647-648).

94. *Über den Ursprung einiger metaphorischer Ausdrücke der arabischen Sprache* : 1. Das Knüpfen des Strickes; 2. Das Feuer des Krieges (Zeitschrift für Völkerpsychologie, XIII, 250-261).

1883.

95. *A keleti tanulmányok történetéhez hazánkban a xvii. században* [Contributions à l'histoire des sciences orientales en notre patrie au xviie siècle] (E. Ph. K., VII, 42-44).

96. *Az orientalisták VI nemzetközi congressusáról* [Du VIe Congrès international des Orientalistes] (Nemzet des 21 et 28 octobre).

1884.

97. A muhammedán jogtudomány eredetéröl [De l'origine de la jurisprudence mahométane] (Ért. ny. szépt, vol. XI, n° 9. Budapest M. T. Akadémia, 23 pages).

A mohammedán jog eredete [L'origine du droit mahométan] (Ak. Ért., XVIII, 7-8) [Résumé du numéro précédent].

[Le fiqh, droit canonique des Mahométans, n'est pas né, comme Renan le prétend, « de leur propre génie », pas plus que leur science grammaticale ou leur doctrine dogmatique. Le fiqh naît au IIe siècle de l'Islam, en pays conquis, en Syrie et en 'Iràq (Mésopotamie) s'inspirant des écoles de droit de l'Église : fiqh = (*juris*)*prudentia*, faqîh = *prudens*, kijàs = *analogia*. ra'j = *opinio prudentium*, idjmâ' = *consensus doctorum ecclesiae*, fetva = *responsa prudentium*].

98. Die Zâhiriten (Ihr Lehrsystem und ihre Geschichte, Leipzig, Schulze, x + 232 pages).

99. *Die Zahlen im mohamedanischen Volksglauben* (Ausland, 3ɔ8-33o).

100. *Teleki Mihály erdélyi kanczellár és Leusden János utrechti tanár* [Michel Teleki, chancelier de Transylvanie, et Jean Leusden, professeur à Utrecht] (E. Ph. K., VIII, 666-667).

101. *Mecset-e vagy mosé?* [«Mecset» ou «moshé»? — Étude étymologique sur les formes du mot dont on transcrit en hongrois le mot arabe «masdjid»] (Magy. Nyelvőr., XIII, ɔɔ-ɔ4).

102. *A bibliai tudomány és a modern vallásos élet* [La science biblique et la vie religieuse moderne] (M. Zs. Sz., I, 89-97, 168-176).

103. *Népszerű Irodalmi Vállalat* [Publications populaires] (M. Zs. Sz., I, ɔ54-ɔ56, 378).

104. *Fölfedezések Palesztinában* [Découvertes en Palestine] (M. Zs. Sz., I, ɔɔ4).

105. *Renseignements de source musulmane sur la dignité de Resch-Galuta* (R.E.J., VIII, 1ɔ1-1ɔ5).

106. *Le culte des Ancêtres et le culte des Morts chez les Arabes* (R. H. R., X, 33ɔ-359. Aussi tirage à part. Paris, Ernest Leroux, 1885, ɔ8 pages).

107. *Zur Literatur der Ichtilâ' al-maḏâhib* (Z.D.M.G., XXXVIII, 669-68ɔ).

1885.

108. *Salavári* [Étude étymologique du mot «salavári» (Magy. Nyelvőr, XIV, 13o. 131).

109. *Vendég* [Étude étymologique du mot hongrois «vendég» dérivé indirect de πανδοκεῖον] (Magy. Nyelvör, ɔ41-ɔ46).

110. *Talmud-tóra intézetek* [Institutions de Talmud-tóra] (M. Zs. Sz., II, 536-537, 538-544).

1886.

111. Palesztina ismeretének haladása az utolsó három évtizedben [Le progrès des recherches palestiniennes dans les trente dernières années] (Ért. nyv. szépt., vol. XIII, n° 3. Budapest, M. T. Akadémia, 72 pages).

111ª. Résumé dans Ak. Ért., 1885, XIX, 199-200.

[Les recherches scientifiques sur la Palestine commencent avec le savant hollandais Adrien Reland : Palaestina ex monumentis veterum illustrata (1718). Pèlerinages en Terre sainte à partir du IVᵉ siècle. Littérature des pèlerinages (réunie par Tobler). — Premier voyage scientifique : Seetzen (1805-1807). Les voyages mémorables de l'Américain Édouard Robinson (avec Éli Smith) en 1838 marquent la date de la géographie biblique. Difficultés. Penchant des Bédouins à duper les voyageurs, à forger des traditions, à identifier tout ce qu'on cherche.

Jerusalem Literary Society fondée par le consul anglais Finn.

Palestine Exploration Fund et Society (P.E.F., P.E.S.). P.E.F. anglais et P.E.F. américain. Aux Américains incombent les recherches sur la rive gauche (orientale) du Jourdain, aux Anglais sur la rive droite. Les Américains étendent le champ de leur travail vers le Nord où Wetzstein avait déjà découvert les monuments d'une architecture arabe (ghassanide). De Vogüé. L'église de Saint-Georges à Adra'a, de 515, la cathédrale de Bostra, de 512, présentent les premières coupoles de l'architecture chrétienne. Merill.

Pour la géographie proprement dite, les Américains laissaient des lacunes que le P.E.F. anglais tâchait de combler. Celui-ci pouvait exécuter, à l'Ouest, des mesures plus précises, fixer les dates oro- et hydrographiques. En outre, les Anglais se dévouaient surtout à l'« identification of biblical sites ». Foule d'exemples. Bêth Choglâ, Modin, Akhzîb, Dôr, Bêth Ghoubrîn, Bostra-'Ashtârôth; Shîlô-Seyloûn, Ghezer fixé par Clermont-Ganneau, Nebô, Pisgua. Khorazin, Bêth-Saïda, Kapernaoum. Tendance des Anglais à identifier tout. Préjugé apologétique : croyant retrouver toutes les localités bibliques, on prétendait prouver l'historicité des récits: géographie des exploits de Samson.

Fouilles archéologiques. Les premières, celles de Lady Stanhope (1814) sous prétexte de chercher des trésors pour le pacha. Importance des fouilles de Warren à Jérusalem (1872). Sépultures des rois. D'après Clermont-Ganneau, la reine Saddân est la reine Hélène. Inscriptions découvertes par Clermont-Ganneau.

Résultats des travaux du P.E.F. Quarterly statements. Cartes. Mémoires. Parmi les collaborateurs du P.E.F., le plus éminent : Clermont-Ganneau. Il découvre des antiquités, il les explique et il ne se lasse pas de démasquer les falsifications. La stèle de Mêsha; les prétendus Moabitica au musée de Berlin, le Deutéronome offert par Shapira au British Museum.

L'inscription de Shiloë. Part des Suisses aux recherches palestiniennes : Burckhardt, Tobler, Furrer, Socin. Deutscher Verein zur Erforschung Palestinas (1878).]

112. *Legujabb fölfedezések Arábiában* [Les récentes découvertes en Arabie] (B.Sz., XLV, 61-76).

113. *Abulvalid* (M.Zs. Sz., III, 1-8).
[A propos des travaux de Guillaume Bacher sur Aboulvalide. Parmi les influences subies par le judaïsme (hellénisme, droit romain, science arabe), l'arabe est la plus profonde. Maïmonide. Aboulvalide, ce qu'il doit aux Arabes, ce qu'il a créé; Aboulvalide comme grammairien, comme exégète, comme précurseur de l'exégèse moderne. Recherches précédentes sur Aboulvalide. Qualités des travaux de G. Bacher.]

114. *Talmud-tóra, hittanítás, proszeminárium, szeminárium* [Talmud-tóra, enseignement religieux, proséminaire, séminaire] (M.Zs. Sz., III, 214-219).

115. *A jesibák* [Les Jeshîba-s, écoles de Talmud] (M.Zs. Sz., III, 567-568). [Pseudonyme : Ungár Izsák.]

116. *A haladásról* [Du progrès] (M.Zs. Sz., III, 679-681).

117. *Le sacrifice de la chevelure chez les Arabes* (R.H.R., XIV, 49-52).

118. *Correspondenzen* (Z.D.P.V., IX, 79, 80).

119. *Über Gebärden- und Zeichensprache bei den Arabern* (Zeitschr. f. Völkerpsychologie, XVI, 369-386).

1887.

120. *The voice of Memnon* (Academy [London]) [?].

121. *A haladásról* [Du progrès] (M. Zs. Sz., IV, 32-34).

122. *Le monothéisme dans la vie religieuse des Musulmans* (R.H.R., XVI, 157-165).

123. *Das Princip des istishâb in der muhammedanischen Gesetzwissenschaft* (W.Z.K.M., I, 228-236).

124. *Materialien zur Kenntniss der Almohadenbewegung in Nordafrika* (Z.D.M.G., XLI, 30-140).

1888.

125. *A zsidó vallás fejlődéséről* [Évolution de la religion juive] I. A zsidóság lényege és fejlődése [Essence et développement du judaïsme). II. III. Profétizmus [Prophétisme] (*Ibid.*, 65-80, 138-155). IV. A rabbinizmus [Le rabbinisme] (*Ibid.*, 261-279). V. A filozófia hatása [Influence de la philosophie] (*Ibid.*, 389-406). — Voir n° 379.

126. *Influences chrétiennes dans la littérature religieuse de l'Islam* (R.H.R., XVIII, 180-199).

127. *Altarabische Wiegen- und Schlummerlieder* (W.Z.K.M., II, 164-167).

128. *«Turâb» und «Hagar» in zurechtweisenden Redensarten* (Z.D.M.G., XLII, 587-590).

129. *Arabische Beiträge zur Volksetymologie* (Zeitsch. f. Völkerpsychologie, XVIII, 69-82 : Sammlung der Beispiele, 69; Fremdwörter, 70; Vater als Steigerung im Arabischen, 73; Fremde Eigennamen, 76; Wortspielmythus, 79).

1889.

**130. Emlékbeszéd Fleischer Leberecht Henrik a M. Tad. Akad.
kültagja felett** [En mémoire de L. H. Fleischer, membre extérieur de
l'Académie des Sciences hongroise] (Ak. Emlékbesz. V, 4, Budapest,
44 pages).

[Histoire des sciences orientales en Occident. Décret du concile de
Vienne en France (1311) : d'enseigner aux Universités l'hébreu, l'arabe et
le chaldéen en faveur de la propagande, de l'apologie. Les études orientales au service de la théologie. École hollandaise. École de Paris. Appréciation de Sylvestre de Sacy. Fleischer, élève de de Sacy et de Caussin de
Perceval. École de Leipzig. Œuvre de Fleischer. Collaboration aux travaux
des autres. La Société asiatique à Paris. Deutsche Morgenländische Gesellschaft fondée par Fleischer.]

131. Muhammedanische Studien, I, Halle, Niemeyer, xII + 280.

132. *Mekkai utazások* [Voyages à la Mecque] (B. Sz., LVII, 1-31).
[Histoire de la défense aux mécréants d'entrer à la Mecque. Tolérance :
Charles Didier à Taïf, Charles M. Doughty aux portes de Médina. Euro-
péens à la Mecque : Luigi de Barthéma (Varthéma, xvIe s.), Vincent
le Blanc de Marseille (xvIe s.), Jean Wilden de Nuremberg (xvIIe s.),
Joseph Pitts (1686), Domingo Badia y Leblich (1807), Ulrich Gaspar
Seetzen (tué en 1811), le Suisse Burckhard (1815), Jules Planat, chef
de l'État-Major général de Mehemet Ali, l'Allemand Hâdji Youssouf,
Léon Roches : Trente-deux ans à travers l'Islam (1832-1864), Sir Richard
F. Burton, le baron Maltzan, Snouck Hurgronje : Mekka.]

133. *Vom Stockholmer Orientalisten-Kongress* (Pester Lloyd, n°s 204,
249, 250, 254, 255). — Voir aussi n° 137.

134. *Das arabische Original von Maimuni's Séfer Hammiṣewôt* (W. Z.
K. M., III, 77-85).

135. *Mohammedanisches Recht in Theorie und Wirklichkeit* (Zeitschr. f.
vergleichende Rechtwissenschaft, VIII, 3, p. 406-423).

1890.

136. Muhammedanische Studien, II, Halle, Niemeyer, x-420 pages.

137. *Nylander K. U. Orientalisten-Kongressen i Stockholm-Kristiania.* Upsala, 1890, 29-69.
[Traduction suédoise du n° 133.]

138. *Die symbolische Rose in den nordafrikanischen religiösen Orden* (Ö.M. f.O., XVI, 8-10).

139. *Le rosaire dans l'Islam* (R.H.R., XXI, 295-300).

140. *Ali Mubârak's chitat gadida* (W.Z.K.M., IV, 347-352).
[Aussi en arabe dans le périodique du Caire : *Al-Azhar*, 1891, février. 231-236.]

141. *Die Bekentnissformeln der Almohaden* (Z.D.M.G., XLIV, 168-171).

142. *Das Schiff der Wüste* (Z.D.M.G., XLIV, 165-167).

1891.

143. *Arábia régi történetéről* [De l'histoire antique de l'Arabie] (B. Sz., LXVI, 65-104).
[L'islamisme tend partout à effacer la civilisation anté-islamique, en Arabie aussi. L'ancienne Arabie, Caussin de Perceval. Les relations de l'Arabie avec les peuples de l'Orient : Assyriens, Juifs; le roi Itamara, la reine de Sabée; avec les peuples de l'Occident : Romains, Byzantins, Éthiopiens. Antiquités himyarites. Les Sabéens. La ville de Meʿīn et les Minéens. Minéisme et sabéisme : simultanéité ou succession.
Le témoignage des inscriptions et des monuments : découvertes de Thomas Arnaud, de Joseph Halévy, de D. H. Müller, de Édouard Glaser. Le témoignage de la littérature : Robertson Smith, Wellhausen, Goldziher.]

144. *A költő a régi arabok fölfogásában* [Le poète dans les idées des anciens Arabes] (Hunfalvy-Album, 175-181).

145. Contributions aux renseignements sur les manuscrits arabes de la bibliothèque de Gotha. Wilhelm Pertsch, Die arabischen Handschriften der herzoglischen Bibliothek zu Gotha. Vol. V, Gotha, 1892, p. 53, 54.

146. *Über Tagewählerei bei den Mohammedanern* (Globus, LX, 257-259).

147. *Glanures païennes dans l'Islam* (R.H.R., XXIV, 201-204).

148. *Die Ğinnen der Dichter* (Z.D.M.G., XLV. 685-690).

1892.

149. *Jelentés az orientalisták IX. nemzetközi congressusáról* [Rapport sur le IXᵉ Congrès international des Orientalistes] (Ak. Ért., 632-659).

150. *Inditvány a keleti tanulmányok előmozdításásra szolgáló bizottság felállítása dolgában* [Proposition concernant la constitution d'un comité pour servir les sciences orientales] (Ak. Ért., 731-732).

151. *A szinai félsziget régiségeiről* [Des antiquités de la péninsule sinaïtique] (Archaeologiai Értesitő, 48-58).

152. *Az iszlám világi fejlődésének korszakai* | Périodes de l'évolution séculaire, politique de l'Islam] (B. Sz., LXX, 353-382).
[Introduction : La femme dans l'Islam].
[Lutte et alternance de la théocratie, tendance représentée par la Médine, avec les tendances séculaires représentées par la Mecque. Les Oumajâdes à Damas continuent les anciennes traditions arabes antéislamiques; les Abbasides à Baghdad, sous l'influence du zoroastrisme, développent l'idéal du souverain théocratique : l'imâm. Près du khalif à Baghdad les dynasties des Bouyides, des Danishmends, des Aglabides, des Ortoqides, des Eyyoubides exercent le pouvoir politique. Après la prise de Baghdad par le khân mongol Houlagou (1258), la Bourda, symbole de l'imâm, passe au Caire. Depuis 1517, elle se trouve à Constantinople.]

153. *Le dénombrement des sectes mahométanes* (R.H.R., XXVI. 129-137).

154. *Sâlih b. Abd-al-Kuddûs und das Zindîktum während der Regierung des Chalifen Al-Mahdi* (Transactions Congr. Or. London, II, 104-129).

155. *Der Chatîb bei den alten Arabern* (W.Z.K.M., VI, 97-102).

156. *Hyperbolische Typen im Arabischen* (Z. A., VII, 288-304. I. Grosse Menge, 288-296. II. Das Geringfügige, 296-302. III. Grosse Entfernung, 302-304) [Pour la suite, voir n° 241].

157. *Der Diwân des Garwal b. Aus Al-Huṭej'a* (Z.D.M.G., XLVI, 1-53, 173-225, 471-527).

158. **A pogány arabok költészetének hagyománya** [La tradition de la poésie des anciens Arabes] (Ért. ny. szpt., vol. XVI, n° 2, Budapest, Académie, 69 pages).

[Les monuments de l'ancienne poésie arabe ne proviennent que de l'Arabie centrale. Faute de témoignages historiques pour la position du poète dans l'ancienne société arabe, il faut recourir à l'étymologie. Les termes : shâ'ir (poète), qâfiyat (rime), le genre de la hidjâ, la tradition du sadj' et redjez (rythme), appuyés par mainte autre donnée, prouvent le caractère magique de l'ancienne poésie. Poèmes conservés par l'écriture; l'écriture chez les Arabes. Poèmes conservés par la mémoire, la tradition. Les classiques de la conservation des poésies : Aboul faradj al-Isfahânî (Kitâb al-Aghâni), Hammâd, Al-Soukkourî (Diwân de la tribu de Houdzeyl), Al-Mufaḍḍal al-Ḍabbî, Abû Zeyd al-Qourashi (Djamharat al-'arab).

Critique de la tradition des anciennes poésies arabes. Critiques arabes : Al-Açma'î, Aboû Hâtim al-Sidjistânî, Ibn Doureyd, Moubarrad, Mouhammad ibn al-A'rabî. Critiques européens : Nöldeke, Ahlwardt.

Éléments d'un canon critique. Altération mahométane de la poésie païenne. Termes de l'Islam : tasbîḥ, moussallâ, maktoûb (décrété), taqvâ, ḥissâb, qiyâma, fard, sounna; idées mahométanes. Expurgation des termes et des idées païens, des noms d'idoles, des serments païens, des traits satiriques contre l'islam. Interpolations dans le diwân de Lebîd, de Zouheyr.

Tradition populaire des poésies. Mille et une Nuits, romans de Seyf ibn Dzi Yasan et d'Antar. Variantes de la mouallaqa de 'Antara dans le roman de 'Antar.]

159. Der Dîwân des Garwal b. Aus al-Hutej'a [tirage à part du n° 157] (Leipzig, Brockhaus, 1893, 245 pages).

160. *Jelentés Szász-Koburg-Gothai Fülöp herczeg numismatikai dolgozatairól* [Rapport sur les ouvrages numismatiques du duc Philippe de Saxe-Cobourg-Gotha] (Ak. Ért., 664-667). [Résumé.]

161. *Az összehasoulító vallástudomány ethnographiai kapcsolatai.* [Rapports de la science des religions comparée avec l'ethnographie] (Ethnographia [Budapest], III, 335-351).

[Caractère universel de l'ethnographie. Ses rapports avec la science des religions. Histoire de la science des religions. En France : la chaire au Collège de France, à l'École des Hautes Études : section des Sciences des Religions; Revue de l'Histoire des Religions; Musée Guimet : Annales du Musée Guimet. En Angleterre : Hibbert-lectures, Burnett-lectures, Gifford-lectures. Kuenen : religion nationale, religion universelle. — La religion universelle se substituant à la religion nationale, la lutte devient inévitable.

Résidus (survivals), p. e. la main, moyen symbolique de combattre le « mauvais œil », pénétrant dans l'Islam ; l'œuf, symbole cosmogonique du paganisme, dans les mosquées.

Différences nationales de la religion universelle, p. e. l'Église kopte, l'Islam africain avec le culte des saints.]

162. *Die Fiktion der Blutsverwandtschaft bei orientalischen Völkern* (Globus, LXIII, 1-13).

163. *Körösi Csoma hagyatéka* [Succession de Körösi Csoma] (Nyelvtud. Közlemények, XXIII, 34).

164. *La notion de la Sakîna chez les Mahométans* (R.H.R., XXVIII, 1-13).

165. *Ueber Bibelcitate in muhammedanischen Schriften* (Z.A.T.W., XIII, 315-321).

1894.

166. Renan mint orientalista. Emlékbeszéd (Olvastatott a M. T. Akadémiának 1893. november 27. én tartott összes ülésén) Renan comme orientaliste. Discours prononcé en mémoire de Renan dans la séance générale de l'Académie des Sciences hongroise le 27 novembre 1893] (Budapest, Académie, 100 pages).

[Restriction du sujet : Renan orientaliste à l'exclusion de ses œuvres philosophiques et de ses Origines du christianisme. Place de Renan dans l'histoire des sciences orientales en France. Son premier maître : Le Hir. — Sylvestre de Sacy, Reinaud, Étienne Quatremère, Burnouf, Mohl, James Darmesteter. Renan adopte le principe de Burnouf; il n'y a pas de philologie véritable sans philosophie et sans histoire. Comment Renan est-il orientaliste? Renan prétend devenir le Bopp du sémitisme. L'«Histoire générale des langues sémitiques» est l'encyclopédie de la philologie sémitique. Les «rapports annuels» de la Société asiatique rédigés par Mohl, Renan, Darmesteter sont la lecture la plus instructive pour les jeunes orientalistes. Appréciation des études orientales de Renan en trois chapitres : I. La philosophie orientale et ses rapports avec l'Occident. Averroës et l'Averroïsme». Critique littéraire complétée par l'art de l'analyse psychologique.

II. Littérature et histoire des Hébreux. Langue hébraïque. «Histoire du peuple d'Israël». «Découvertes du microscope» et «larges vues d'horizon». Critique et art. «La critique est une anatomie, qui doit laisser vivant l'objet qu'elle étudie.» Reconstruction artistique d'un ensemble, d'une ancienne épopée; «premier bagage apporté de Chaldée». Synchronismes hébreux et grecs. Analogies modernes, Sirah : Mendelssohn, Qôhelet : Heine; près de chaque individualité antique surgit l'image d'un écrivain ou d'un homme d'État français. Renan exégète. Critique du texte. III. Paléographie sémitique, antiquités phéniciennes. Mission de Phénicie. Traditions paléographiques en France : Montfaucon, Jean-Jacques Barthélémy, Gesenius, Renan. Corpus Inscriptionum Semiticarum. Cours du Collège de France. Renan, maître des constructions historiques et philosophiques, comme philologue «technique et austère».]

167. *Jelentés az orientalisták tizedik nemzetközi congressusáról* [Rapport sur le X⁰ Congrès international des Orientalistes] (Ak. Ért., 683-706).

168. *Rainer főherczeg papirus- gyüjteménye* [La collection de papyrus de l'archiduc Reiner] (B. Sz., LXXVIII, 1-20).

[Coup d'œil sur les trésors de la collection. Résumé des travaux de Karabacek. Résultats pour l'histoire de l'Égypte, surtout de l'Égypte mahométane.]

169. *Muhammedán propaganda Amerikában* [Propagande mahométane en Amérique] (B. Sz., LXXX, 45-60).

[Expansion de l'Islam par le djihâd et par les missions paisibles. Djizja et conversion. Expansion au nord de l'Afrique, parmi les nègres; en Chine. L'ordre des Senoûssis. Conquête de l'Islam en Amérique. Mohammed Alexandre Russel Webb. Le parlement des religions à Chicago. The oriental Publishing Company, The Moslem World.]

170. *Der arabische Held Antar in der geographischen Nomenklatur* (Globus. LXVI, 65-67).

171. *Die Handwerke bei den Arabern* (Globus. LXVI, 203-205).

172. *Ibn Hûd, the Mohammedan Mystic, and the Jews of Damascus* (J.Q.R., VI, 218-220).

173. *Díj, díja* [Étymologie du mot hongrois díj] (Magy. Nyelvőr, XXIII, 193, 194).

174. *Török nyelvemlék a xiii. századból* [Un document de la langue turque du xiiie siècle] (M. T. Houtsma : Ein türkisch-arabisches Glossar) [Nyt. K., XXIV, 364-367].

175. *Usages juifs d'après la littérature religieuse des Musulmans* (R.E.J., XXVIII, 75-95).

176. *Ueber eine rituelle Formel der Muhammedaner* (Z.D.M.G., XLVIII, 95-100).

177. *Hebräische Elemente in muhammedanischen Zaubersprüchen* (Z.D.M.G., XLVIII, 358-360).

178. *Das Patriarchengrab in Hebron nach Al-ʿAbdarî* (Z.D.P.V., XVII, 115-122).

1895.

179. A történetirás az arab irodalomban [L'historiographie dans la littérature arabe] (Budapest, Académie, 1895, 49 pages. Aussi dans B. Sz., LXXXV, 147-150).

[Importance de l'historiographie arabe. Jugement de Ranke : «Pour l'histoire universelle, parmi toutes les langues, auprès du latin, l'arabe est la plus importante.» Mérites de la Congrégation de Saint-Maur, de l'Académie des Inscriptions (collection d'historiens arabes des Croisades), de la Société asiatique, de la «Mission du Caire». Appréciation de Ṭabarî, de Al-Bérouni, de Al-Makrîzî, de Ibn Khaldoun. Problème fondamental : comment est née l'historiographie des Arabes et des peuples dont la civilisation dérive de l'arabe? Ce n'est point l'Islam qui l'a éveillée. Ce n'est pas non plus le génie arabe. Les Arabes manquaient de sens historique. Le souvenir de l'expédition des Assyriens, de Ælius Gallus contre les Arabes — qui tournait à la gloire des Arabes — ne nous est pas gardé par les Arabes, Sabéens, Minéens, Nabatéens. — C'est le génie persan qui a inspiré l'historiographie arabe. Influences persanes dès le Qorân : Qalilâ vadimna, Mille et une Nuits. Une partie prépondérante des œuvres historiques arabes provient de Persans arabisés. Muhammed ibn Ishâq, Hamza Isfahanî, Tabâri sont Persans, Ma'soûdi est pénétré de la civilisation persane. Même la partie prépondérante des traditions historiques gardées dans le Kitâb Al-Aghâni provient de Persans arabisés. Firdousi. Preuves et exemples de l'influence persane. Le caractère «bàghi» (divin) de la dynastie et de la cour des Abbassides. Dans les sciences exactes les Persans et les Syriens ont transmis aux Arabes des traductions. Dans l'historiographie les Arabes ne traduisent guère, ils créent inspirés et instruits par les Persans.]

180. *Arab műemlékek* [Monuments d'art arabe] (B. Sz., LXXXIV, 130-137).

181. *Über Geheimchen bei den Arabern* (Globus, LXVIII, 32).

182. *Az arab nyelvjárások legujabb irodalma* [La récente littérature sur les dialectes arabes] (Nyt. K., XXV, 90-96).

[Les recherches de Spitta, Wallin, Wetzstein, Vollers, des Français au Maghreb; Stumme, Dombay, Socin, Landberg, Praetorius, Reinhardt.]

183. *Saʿid b. Haṣan d'Alexandrie* (R.E.J., XXX. 1-23).

184. *Die literarische Thätigkeit des Ṭabarî. nach Ibn Asâkir* (W.Z.K.M., IX, 359-371).

185. *Über umschreibende Zahlenbezeichnung im Arabischen* (Z.D.M.G., XLIX, 210-217).

186. Abhandlungen zur arabischen Philologie. (1 Leiden, Brill, VI + 231 pages).

187. Die Legende vom Mönch Barsîsâ. Von Dr. Ign. Goldziher und Dr. C. Graf v. Landberg-Hallberger. In hundert Exemplaren abgezogen. (Kirchhain, N.L., 29 pages).

188. *A Mahdi országából* [Du pays du Mahdî] (B. Sz., LXXXVIII, 161-194).

189. *Bemerkungen zur ältesten Geschichte der arabischen Poesie* (extrait des Actes du Xᵉ Congrès international des Orientalistes, session de Genève, section III, Leiden, Brill, 1896, p. 3-5).

190. *Über Kannibalismus aus orientalischen Quellen* (Globus, LXX, 240-242).

191. *Sʿad b. Manṣûr ibn Hammûna's Abhandlung über die Unvergänglichkeit der Seele. Steinschneider-Festschrift* (Leipzig, 110-114).

192. *Abu Abdallah el-Kuradschi* (Z.D.P.V., Mitteilungen und Nachrichten, XCVI, 52-54).

193. *Über die Eulogien der Muhammedaner* (Z.D.M.G., L, 97-128).

194. *Neue Materialien zur Literatur des Überlieferungswesens bei den Muhammedanern* (Z.D.M.G., L, 465-506).

1897.

195. *Babyloni és héber hagyományok* [Traditions babyloniennes et hébraïques] (B. Sz., XCII, 297-304).
[La théorie de Zimmern et surtout de Gunkel sur les mythes babyloniens dans la Bible.]

196. *Brill Sámuel Löw rabbi* (A Jövö du 16 avril, p. 2-4). [Signé : Keleti I.]

197. *Keleti séták* [Promenades orientales] (Kármán-Emlékkönyv, 29, 30).

198. *Rapport de M. Goldziher sur le projet d'une Encyclopédie musulmane présenté à la Section Islamique le 7 septembre 1897* (XI⁰ Congrès international des Orientalistes. 11 pages).

199. *Aus dem mohammedanischen Heiligenkultus in Agypten* (Globus, LXXI, 233-240).

200. *Some notes on the Diwâns of the Arabic Tribes* [Traduit en anglais par Dr. F. D. Chester] (I.R.A.S., 1897, 325-334).

201. *Real-Encyklopädie des Islam* (O. M. f. O., XXIII, 115-116).

202. *Du sens propre des expressions Ombre de Dieu, Khalife de Dieu, pour désigner les chefs dans l'Islam* (R.H.R., XXXV, 331-338).

203. *Zur Ḥamâsa des Buḥturî* (W.Z.K.M., XI, 161-163).

204. *Gesetzliche Bestimmungen über Kunja-Namen im Islam* (Z.D M.G., LI, 256-266).

205. *Ein arabischer Vers im Chazari-Buche* (Z.D.M.G., LI, 472).

206. *Die verweigerte Kniebeugung* (Zeitschrift des Vereins für Volkskunde, 1897, 441-443).

1898.

207. *Jelentés az orientalisták XI-ik nemzetközi congressusáról* [Rapport sur le XIe Congrès international des Orientalistes (Ak. Ért., 1898, 8-28).

208. *De l'ascétisme aux premiers temps de l'Islam* (R.H.R., XXXVII, 314-324).

1899.

209. Abhandlungen zur arabischen Philologie, II. Das Kitâb al-Mu'ammarîn des Abû Ḥâtim Al-Siǵistânî (Leiden, Brill, CIX, 69+113 pages).

210. *Vallástörténeti Congressus* [Congrès de l'histoire des religions] (B. Sz., XCIX, 287-293).

211. *Dr. Goldziher Ignácz búcsúztatója. Elmondotta dr. Kaufmann Dávid temetésén a koporsót váró nyitott sír előtt* [Oraison funèbre prononcée devant le tombeau de David Kaufmann] (Egyenlöség du 11 juillet 1899).

212. *Az egyiptomi iszlám* [L'Islam en Égypte] (*Egyiptom. Tanulmány-könyv. Szerk. Körösi László*, Budapest, Pátria, 253-273).

213. *Rapport sur le projet d'une Encyclopédie musulmane* (XIIe Congrès international des Orientalistes à Rome, 7 pages).

214. *Quelques observations sur l'édition du traité des successions de Saadia* (R.E.J., XXXVIII, 270-272).

215. *Spécimen d'une Encyclopédie musulmane* [les articles « Fiḳh » et « Istishâb »].

216. *Materialien zur Entwickelungsgeschichte des Ṣûfismus* (W.Z.K.M., XIII, 35-56).

217. *Über Dualtitel* (W.Z.K.M., XIII, 321-329).

218. *Die Su'ûbijja unter den Muhammedanern in Spanien* (Z.D.M.G., LIII, 601-620).

219. *Über eine Formel in der jüdischen Responsenliteratur und in den muhammedanischen Fetwás* (Z.D.M.G., LIII, 645-652).

1900.

220. *Az iszlám az Ommajjádok bukásáig* [L'Islam jusqu'à la chute des
Ommayades] (Nagy Képes Világtörténet, Budapest, IV, 581-678).

221. *Müller Miksa* [Max Müller] (Nyt. K., XXX, 458-468).

222. *Islamisme et Parsisme.* Mémoire lu en séance générale du Congrès
international d'histoire des religions, le 6 septembre 1900, à la Sor-
bonne. (Actes du premier Congrès international d'histoire des religions,
Paris, 119-147.)

223. *Die Sabbattinstitution im Islam* (Kaufmann-Gedenkbuch, Breslau,
86-105).

224. *Zu Saʿaṭnêz* (Z.A.T.W., XX, 36-37).

1901.

225. *Jelentés az Akadémiák Szövetségének Párisban, 1901. április havá-
ban tartott közgyüléséről* (*Than Károlylyal*) [Rapport (fait avec M. Charles
Than) sur l'assemblée générale de l'Association internationale des Académies, qui a eu lieu à Paris, au mois d'avril 1901] (Ak. Ért., 354-360).

226. *Über Zahlenaberglauben im Islam* (Globus, LXXX, 31, 32).

227. *L'avenir de l'Islam. Lettre à M. E. Fazy* (Questions diplomatiques
et coloniales, V, 600-602).

228. *Mélanges judéo-arabes. a.* I. Abd Al-Sayyid Al-Israʾilî; *b.* Al-Harizî;
c. Controverse halachique entre Mahométans et Juifs. אבק רביח; *d.* IV. Ca-
raïtes et Zahirites; *e.* V. Le Juge corruptible; *f.* VI. L'âne et l'échelle;
g. VII. L'invitation aux affamés avant le repas; *h.* VIII. Notes sur les Juifs
dans les poésies arabes de l'époque ancienne de l'Islam (R.E.J., XLIII,
1-14).

229. *Islamisme et Parsisme* (R.H.R., XLIII, 1-29). Réimpression du n° 222.

230. *Uber den Brauch der Mahjâ-Versammlungen im Islam* (W.Z.K.M., XV, 33-50).

231. *Spottnamen der ersten Chalifen bei den Schî'iten* (W.Z.K.M., XV, 321-334).

232. *«Säulenmänner» im Arabischen* (Z.D.M.G., LV, 503-508).

1902.

233. Translation of the Chapter on **Hadîth and the New Testament.** From Muhammedanische Studien. Vol. II. By Prof. Goldziher of Budapest. By F.M.Y. London Society for promoting Christian Knowledge. 48 pages.

234. *Bemerkungen zur neuhebräischen Poesie* (J.Q.R., XIV, 719-736).

235. *Neutestamentliche Elemente in der Traditionslitteratur des Islam.* Oriens Christianus, 1902, 390-397.

236. Beiträge zur Heiligen-Geschichte des Islam. [D'après le n° 469.] (Österreichische Wochenschrift, 1902, Nr. 43, 693, 694).

237. *Mélanges judéo-arabes. a.* IX. Isra'illiyat; *b.* X. Le groupement des vertus cardinales; *c.* XI. Une ancienne faute de transcription; *d.* XII. Un proverbe arabe chez Ibn Ezra (R.É.J., XLIV, 63-72); *e.* XIII. Les serments des Juifs; *f.* XIV. Le Dieu d'Abraham, d'Isaac et de Jacob dans les prières des Mahométans; *g.* XV. La prière naïve du berger (R.E.J., XLV, 1-12).

238. *Einige arabische Ausrufe und Formeln.* III. Eine Schwurformel. IV. Zauberformeln (W.Z.K.M., XVI, 131-146).

239. *Bemerkungen zur arabischen Trauerpoesie* (W.Z.K.M., XVI, 307-339).

240. *Pinehas-Manṣùr.* Zur Zeitschrift 55, 701 (Z.D.M.G., LVI, 411-412).

241. *Hyperbolische Typen im Arabischen. Fortsetzung.* IV. Grosse Ähnlichkeit; V. Lautes Schreien (Z.A., XVII, 53-59). [Voir n° 156.]

242. A buddhismus hatása az iszlámra. Elöadások Körösi Csoma Sándor emlékezetére; II. szám [Influence du bouddhisme sur l'Islam. Conférences en mémoire d'Alexandre Körösi Csoma. II] (Budapest, Académie, 44 pages).

[Hommage à la mémoire d'Alexandre Körösi Csoma, explorateur du Tibet.

Caractère réceptif de l'Islam, ses éléments juifs, chrétiens, persans, grecs, romains. Relations de l'Arabie avec les Indes : noms d'épices et noms d'arbres, épées indiennes. Relations par les conquêtes de l'Islam. Al-Shoumaniyya, dénomination arabe du bouddhisme, dérivée de shamanâ, shramanâ, ascète indien. Métempsychose. Idées indiennes transmises par les Mille et une Nuits : le sort écrit sur le front de l'homme. Relations personnelles. Conquêtes de Haddjàdj, migration des tziganes. Les *zindiq-s,* hérétiques, suivent souvent des tendances bouddhistiques : ʿAbdallah ibn Al-Mouqaffaʿ, Abàn al-Lâhiki, Sàlih ibn ʿAbd al-Qouddoûs, Aboul ʿAtâhiya, Aboul ʿAlà-al-Maʿarri et sa caractéristique détaillée. *Zouhd,* vie ascétique, pitié pour toutes les créatures. Le soufisme. La vie de Bouddha imitée dans la légende de Ibrahim ibn Edhem, de al-Sabtî, fils de Haroun al-Rashîd; type du prince qui fuit son rang et le monde. Le rosaire. Nirvâna devient al-fanâ, al-mahv, al-istihlàq, cependant le soûfi ne plonge pas dans le néant, mais dans l'univers, dans la divinité. Mourâkaba, station vers le Nirvâna «quand celui qui médite, la méditation et l'objet de la méditation sont tous considérés comme n'étant plus qu'un». Le velî substitué à l'arhat; velîs avatars musulmans de Bouddha.]

243. Le Livre de Mohammed ibn Toumert, Mahdi des Almohades. Texte arabe accompagné de notices biographiques et d'une introduction (Alger. Gouvernement général de l'Algérie, 106 + 416 pages).

244. *Kinship and marriage in early Arabia.* By the late W. Robertson Smith. New edition with additional notes by the author and by Professor

Ignaz Goldziher, Budapest. Edited by Stanley A. Cook, London, Adam
and Charles Black.

245. Krymskij A. : **Istorija musulmanstra.** Samostojatelnye očcrki,
obrabotki i dopolnennye perevodi iz Dozi i Goldciera. Čast I. i II. (=Trudy
po vostokověděnijn izd. Lazarevskim Inst. Vost Iazykov. Vyp. 12 i 18.)
Moskva, tip. V. A. Gatcuk, 1903-1904. [Traduction russe de quelques
chapitres des Muhammedanische Studien nᵒˢ 131, 136].

246. *Arabok* [La littérature des Arabes] (Egyetemes Irodalomtörtenet.
szerk. Heinrich Gusztáv, Budapest, I, 245-328).

247. *Jelentés az orientalisták XIII. nemzetközi congressusáról* [Rapport
sur le XIIIᵉ Congrès international des Orientalistes] (Ak. Ért., 9-20).

248. *Muhammedanischer Aberglaube über Gedächtniskraft und Vergesslich-
keit; mit Parallelen aus der jüdischen Litteratur.* Beitrag zur Volkskunde.
Berliner-Festschrift. Frankfurt a. M., I. Kauffmann, 131-155.

249. *Der Seelenvogel im islamischen Volksglauben* (Globus, LXXXIII,
301-304).

250. *Zu Saadyana,* XLI (J.Q.R., XV, 73-75).

251. *The Arabic Portion of the Cairo Genizah* (I.Q.R., XV, 526-528).

252. *Mélanges Judéo-Arabes. a.* XVI. Le moutakallim juif Abou-l-Kheyr.
(R.E.J., XLVII, 41-46): *b.* XVII. R. Nissim b. Jacob Moutazilite (R.E.J..
XLVII, 179-186).

253. *Die arabische Trauerpoesie in ihrem Zusammenhange mit der Tod-
tenklage* (Actes du XIIIᵉ Congrès international des Orientalistes, 296).

254. *Milch und Honig* (Z.D.P.V., XXVI, 73, 74).

1904.

255. *Jelentés az Akadémiák Szövetségének Londonban tartott második nagygyüléséről* (*Than Károlylyal együtt*) [Rapport (fait avec M. Charles Than)

sur la deuxième assemblée générale de l'Association générale des Académies, à Londres] (Ak. Ért., 475-483).

256. *Török szókönyvek a XI.-XV. századból* [Vocabulaires turcs des XI°-XV° siècles] (Nyt. K., XXXIV, 129-131).

257. *Orientalische Baulegenden* (Globus, LXXXVI, 89, 90).

258. *Islam* (The Jewish Encyclopaedia, New York, London, VI, 651ᵇ-659ᵃ).

259. *Mélanges judéo-arabes.* *a.* XVIII. A propos de l'artifice dans le serment; *b.* XIX. L'hébreu dans la littérature moderne de la théologie musulmane; *c.* XX. Jousouf Al-Bacîr (R.É.J., XLIX, 219-230).

260. *Notizen zur arabischen Litteraturgeschichte.* Ibn Chwērmandād. II. Abū-Rauḳ al-Hizzânî. III. Kitâb al-laṭîf (Z.D.M.G., LVIII, 582-586).

1905.

261. *Gyászbeszéd Szilasi Móricz lt. ravatalánál* [Oraison funèbre sur Maurice Szilasi, membre correspondant de l'Académie] (Ak. Ért., 509).

262. *The progress of islamic science in the last three decades.* Congress of arts . . . . . univ. exposition, St-Louis, vol. II, 497-517.

262ᵃ. Aussi en allemand : *Die Fortschritte der Islam-Wissenschaft in den letzten drei Jahrzehnten* (Preussische Jahrbücher, CXXI, 274-300).

263. *Zum ältesten Strafrecht der Kulturvölker : Islam.* — Fragen zur Rechtsvergleichung gestellt von Theodor Mommsen (Leipzig, Duncker u. Humblot, 101-112).

264. *Mélanges judéo-arabes :* *a.* XXI. Le Amr ilâhi (hâ-'inyân hâ-elôhî) chez Juda Halévi; *b.* XXII. Particularités dialectales judéo-arabes (R.É.J., 32-44); *c.* XXIII. Lettre adressée au Gaon R. Samuel b. Hofni; *d.* XXIV. La création des lettres (R.É.J., L, 182-190).

1906.

265. *Jelentés a székesfehérvári emléktáblák leleplezéséröl* [Rapport sur l'inauguration de plaques commémoratives à Székesfehérvár] (Ak. Ért., 57).

266. *Kaufmann Dávid könyvtára* [La bibliothèque de David Kaufmann] (Ak. Ért., 306-314).

[La bibliothèque de feu le professeur David Kaufmann fut donnée par sa famille à l'Académie des Sciences hongroises. Elle comprend 594 manuscrits, parmi lesquels des pièces uniques précieuses. des manuscrits du Yémen, des Responsa, 1,583 imprimés, parmi lesquels 9 incunables, 136 livres imprimés au xvi⁰ siècle, et des volumes « à peu près introuvables », 47 œuvres bibliographiques, 258 périodiques, 358 cahiers, etc. Il y faut encore ajouter 350 pièces hébraïques et arabes de la Gueniza et 25 codes illustrés.]

267. *A nyil, a sors és a szerencse* [La flèche, le sort et la fortune] (Magyar Nyelv., II, 375-377).

[Exemples de l'antiquité sémitique pour la βελομαντεία, présage des flèches : la flèche (sahm) servant à partager la terre; sahm — lot.]

268. *Die Bedeutung der Nachmittagzeit im Islam* [A.R.W, IX, 293-302].

269. *Die Religion des Islams* (dans Hinneberg, Die Kultur der Gegenwart. Berlin, Leipzig. Teil I, Abteilung III, 87-135).

270. *Zauberelemente im islamischen Gebet* (dans Orientalische Studien Theodor Nöldeke gewidmet. Giessen, Töpelmann, I. 303-329).

271. *Luze P. K. : Christianskoe vlijanie na musulmanskuju literaturu* [Influence chrétienne dans la littérature mahométane, d'après le n⁰ 136] (dans Pravoslavnyj Sobesêdnik, 1904, I, p. 247-263, 727-728, 1906).

272. *La onzième intelligence* (Revue Africaine, Alger, 1906, n⁰ˢ 261 et 262, p. 242, 243).

273. *Mélanges judéo-arabes : a. XXV.* Un récit sur l'apparition d'un Messie; *b. XXVI.* Traduction du cantique de Débora par Ibn Djanâh;

c. XXVII. La traduction hébraïque de l'eulogie prophétique de l'Islam (R.É.J., LII, 43-5o); *d*. XXVIII. Fragment de l'original arabe du commentaire sur le S. Yecirah par Isak Israéli; *e*. XXIX. De la substitution de sens dans un mot (R.É.J., LII, 187-192).

274. *Zu « Die Streitschri t eines Schülers Saadja's gegen Salmon b. Jerocham » von Posnansky* (Z.H.B., X, 127).

275. *Das Prinzip der takijja im Islam* (Z.D.M.G., LX, 213-226).

1907.

276. **Emlékbeszéd Gróf Kuun Géza tiszt. és igazgató tag fölött** [Conférence faite en mémoire du comte Géza Kuun, membre honoraire et directeur de l'Académie] (Ak. Emlékbesz., XIII, 4, 33 pages).

[Caractère et qualités du comte Géza Kuun. Enfance. Jeunesse. Hautes études à Budapest, à Göttingue, chez Ewald. Goût des études sémitiques. Les traditions des études orientales en Hongrie : Magister Thaddeus Ungarus au XIIe siècle prend part à la traduction latine des œuvres arabes; Escadelinus Matthaeus « natione Hungarus » au XVe siècle missionnaire en Chine; Pelbartus de Temesvár a dans sa bibliothèque les œuvres de Maimonide et d'Avicenne; le sabbatharien Simon Péchi, chancelier de Transylvanie, hébraïste éminent; le comte Nicolaos de Bethlen, aussi chancelier de Transylvanie, élève de Golius à Leide; aux XVIe-XVIIe siècles les étudiants hongrois fréquentaient les universités protestantes de l'Allemagne, de la Hollande, chez Golius et Schultens à Leide, chez Leusden à Utrecht; dans la « Sylloge dissertationum », vaste recueil des travaux sortis de l'école de Schultens, deux tiers sont composés par les étudiants hongrois; parmi ceux-ci, surtout Tsepregi est fort apprécié par le maître; de nombreuses dissertations des Hongrois apparaissent à Leide, à Franequer, à Utrecht, à Groningen; Jean Uri, bibliothécaire de la Bodléienne au XVIIIe siècle; au XIXe, Körösi Csoma, explorateur du Tibet. Ces traditions hongroises des études orientalistes sont dignement continuées par le comte Kuun. Ses recherches sémitiques, ses travaux turcologiques. Parmi ceux-ci, le plus important : « Codex Cumanicus Bibliothecae ad templum Divi Marci Venetiarum primum ex integro edidit . . . Comes Géza Kuun. » Il publie le code donné par Pétrarque à la République de Venise contenant des monuments de la

langue cumane, code qui a déjà attiré l'attention de Leibnitz. L'autre
œuvre principale de l'auteur : « Relationum Hungarorum cum Oriente gentibusque orientalis originis Historia antiquissima », réunissant tous les renseignements qui se trouvent dans les auteurs byzantins et arabes sur les
Hongrois avant leur entrée dans leur patrie actuelle. Dans le Recueil millé-
naire sur la prise de la patrie, par l'Académie des Sciences hongroise, le
comte Kuun a publié, traduit et commenté les textes des auteurs arabes.
persans, turcs sur les anciens Hongrois. Le comte Kuun unissait une profonde piété à un intérêt persévérant pour les problèmes de l'histoire des
religions. De 1875 à 1903, il collaborait à chaque volume de la revue « Ke-
resztény magvetö » (Semeur chrétien). Il collaborait encore à plusieurs
revues hongroises, allemandes, françaises, mais surtout à des italiennes
(Rivista Europea, Nuova Antologia, Bolletino italiano degli studi orientali,
Giornale della Società Asiatica Italiana). Parmi ses amis, à relever : Guillaume Schott, Georges Gabelentz, Angelo de Gubernatis, François Cumont,
Emilio Teza, Michele Amari, Jules Iung et Otto Keller de Prague, Wolf-
gang Goethe, petit-fils de Goethe, avec qui il continuait une correspondance suivie de 1864 jusqu'en 1882.

Le comte Kuun était fidèlement attaché non seulement à sa patrie, mais
encore à son département de naissance. Ce département Hunyad est la
terre classique de l'archéologie. C'est ici que se trouvait Sarmicegetuse,
capitale de la Dacie, et que se trouvent les monuments d'un ancien culte de
Pan, de Dionysos Sabazios, d'Isis et de Sérapis, de Mithra. Le musée orga-
nisé ici par le comte Kuun fut visité par Cumont et par d'autres savants. Le
comte a aussi dressé un large programme détaillé pour unir, organiser et
élargir les études orientales en Hongrie.]

276ᵃ. *Gróf Kuun Géza t. és ig. tag emlékezete* [En mémoire du Comte
Géza Kuun, membre honoraire et directeur de l'Académie] (Ak. Ért., 439-
465).

277. Kitâb ma'ânî al-nafs. Buch vom Wesen der Seele. Von einem
Ungenannten (Abh. der kön. Ges. der Wiss. zu Göttingen, Phil.-hist. Kl.,
Neue Folge, Band IX, n° 1, Berlin, Weidmann, 63 + 69).

278. *A nemzetközi segédnyelv kérdése* [La question d'une langue auxiliaire
internationale] (Ak. Ért., 334, 335).

279. *Jelentés az Akadémiák Nemzetközi Szövetségének 1907. május 27-étól június 2-ig Bécsben tartott III. nagygyüléséről (Than Károlylyal együtt)* [Rapport (fait avec M. Charles Than) sur la III° assemblée générale de l'Association internationale des Académies, qui a eu lieu à Vienne du 27 mai au 2 juin 1907] (Ak. Ért., 516-524).

280. *Révai-ünnepet megnyitó beszéd* [Discours d'ouverture à la séance en l'honneur de Révai] (Ak. Ért., 697-698).

281. *Heinrich Leberecht Fleischer* (dans Allgemeine Deutsche Biographie, München, 1904, p. 584-594).

282. *Eisen als Schutz gegen Dämonen* (A.R.W., X, 41-46).

283. *Singulière manière de prêter serment* (Revue des Traditions populaires, XXII, 164).

284. *The Principles of Law in Islam* (dans The Historian's History of the World..., London, The Times, VIII, 294-304).

285. *Fogaink fejérsége* [La blancheur de nos dents], *A kenyér botja* [Le bâton de pain] (Magyar Nyelv, III, 383).

286. *Arabische Amen-Formeln* (Rivista degli Studi Orientali, I, 169-172).

287. *Die dogmatische Partei der Sālimijja* (Z.D.M.G., LXI, 73-80).

288. *Über Zahlenfiguren. Zu Zeitschr.*, Bd 61, S. 460, Z. 15 ff. (Z.D.M.G., LXI, 756, 757).

289. *Kämpfe um die Stellung des Ḥadīṯ im Islam* (Z.D.M.G., LXI, 860-872).

290. *Nachtrag zu S. 757* (Z.D.M.G., LXI, 951).

1908.

291. **Uri János** [Jean Uri] (Ért. ny. szépt., vol. XX, n° 7, Budapest, Académie, 16 pages).

[Dans le passé glorieux des études orientalistes hongroises des xvi⁰-xvii⁰ siècles, une place d'honneur appartient à Jean Uri (1724-1796). Il est promu docteur de philosophie et de théologie à l'Université de Harder wijk (en Hollande), qui depuis a cessé d'exister. Sa thèse de philosophie : «De fulmine» réunit et éclaircit les idées des auteurs classiques et orientaux sur la foudre; sa thèse de théologie : «De rege feliciter regnante שילה» traite de l'exégèse du verset célèbre Genèse. xlix, 10. Comme docteur il se rend à Leide chez Albert Schultens. Ici il publie l'édition princeps de la Bourda de Mouhammad ibn Saïd ibn Boussîrî avec une traduction latine et une étude «Origines Arabico-Hebraicae», où il fait valoir les doctrines panarabes de l'école Schultens. A Oxford, il publie la poésie dogmatique de Al-Nassafî avec un commentaire latin; il publie aussi en persan et traduit en latin l'introduction de Sa'adi à son Boustân; et publie encore des lettres turques et des récits persans en langues originales et en traduction latine.

C'est en 1770 que Uri fut appelé à Oxford. On cherchait un savant qui pût cataloguer les manuscrits hébreux, chaldéens, éthiopiens, syriens, arabes, persans et turcs de la Bodléienne. Pendant des années, on avait en vain cherché. Enfin Uri fut désigné pour cette tâche. Il s'en est acquitté d'une manière brillante. Il a classifié la vaste masse des codes, il a fixé les titres et les auteurs. Il a aussi composé une préface dont l'érudition fut fort reconnue mais laquelle, on ne sait pourquoi, ne fut pas publiée. Il n'était pas nommé à une chaire de l'Université, mais de nombreux orientalistes lui devaient leur instruction.]

292. *Jelentés az orientalisták XV. nemzetközi congressusárúl* [Rapport du XV⁰ Congrès international des Orientalistes] (Ak. Ért., 537-555).

293. *Ein anonymer Traktat zur Attributenlehre* (Harkavy - Festschrift, Saint-Pétersbourg, 95-114).

294. *La Misâsa* (Revue Africaine, n° 268, 1ᵉʳ trimestre, 1908, Alger, 23-28).

295. *Mélanges judéo-arabes : a. XXX. Formules dans les lettres de «Gueniza»* (R.É.J., LV, 54-57); *b. Fragment d'une lettre des communautés du Caire à celle d'Ascalon* (R.É.J.. LV, 58-59).

296. *Notizen zu der Zauberformel Z.A., XX, 406 ff.* (Z.A., XXI, 244, 245).

297. *Neuplatonische und gnostische Elemente im Ḥadīṯ* (Z.A., XXII, 317-344).

298. *Zur Geschichte der ḥanbalitischen Bewegungen* (Z.D.M.G., LXII, 1-28).

1909.

299. Adrien C. Barbier de Meynard és Michael Jan de Goeje külső tagok emlékezete [A la mémoire d'Adrien C. Barbier de Meynard et de Michel Jan de Goeje, membres externes de l'Académie] (Akad. Emlékbesz. Vol. XIV, n° 7, Budapest, Académie, 17 pages).

[Souvenirs personnels des heures passées dans le cabinet du directeur de l'École des Langues orientales vivantes avec Barbier de Meynard et avec De Goeje, souvenir des distiques en arabe et persan exquis par lesquels Barbier de Meynard félicitait de temps en temps le professeur Goldziher. Parallèle de Barbier de Meynard avec De Goeje. C'est à eux deux que la science doit la publication des œuvres principales sur la géographie et l'histoire de l'Orient mahométan. Nous devons à Barbier de Meynard le Dictionnaire géographique, historique et littéraire de la Perse et des contrées adjacentes, les Prairies d'Or de Mas'oûdî, l'Histoire de Noûraddîn et de Saladin par Aboû Shâma dans les Historiens des Croisades, l'Histoire de Hérat par Mu'in al-Dîn, le Code shi'ite par Abúlkâssim al-Hilli, le Dictionnaire turc-français. Nous devons à De Goeje la Bibliotheca Geographorum Arabicorum, l'œuvre de Idrissi sur l'Afrique et l'Espagne, Al-Baladzori Fragmenta historicorum arabicorum, les Annales de Ṭabarî, les Mémoires d'histoire et de géographie orientales et maintes études sur le folk-lore surtout géographique : îles de Vâq-Vâq, mur de Gôg et Magôg, Saint-Brandan, Sindbad, sur les Mille et une Nuits. Barbier de Meynard était maître des trois langues de l'Islam, De Goeje, après Fleischer, le maître reconnu des arabisants.]

300. Kratka povijest arabske književnosti [Manuel de la littérature arabe en langue croato-serbe. Publié par le Gouvernement de Bosnie] (Sarajevo, 157 + xxii pages).

301. *Dr. Parr and Dr. Uri* (The Athenaeum, 1909, III, 13).

302. *Notice sur la littérature des Ajmân al-ʿArab* (Mélanges Hartwig Derenbourg, Paris, Leroux, 221-230).

303. *Muʿâwija I., der Begründer des Islamstaates* (D.L.Z., XXX, 197-202).

304. *Bismillâh* (Encyclopaedia of Religion and Ethics, II, 666-668).

305. *Die islamische und die jüdische Philosophie* (dans Hinneberg, Die Kultur der Gegenwart, Berlin u. Leipzig, Teubner, Teil I., Abt. 5, p. 45-77).

<h2 style="text-align:center">1910.</h2>

306. Vorlesungen über den Islām, Heidelberg (Winter, 1910, 327+index).

307. Профессоръ Игнатій Гольдціэръ. Религія ислама. Переводъ И. Ю. Крачковскаго подъ редакціей прив. доц. А. Э. Шмидта. [La religion de l'islam. Traduction russe du n° 269 par Kratschkovsky.]

308. Исламская и еврейская философія. Игнатій Гольдціэръ. Всеобщая исторія философіи. Товарищество «Общественная Польза». [La philosophie mahométane et juive. Traduction russe du n° 305 par la Société d'utilité publique.]

309. *Jelentés az Akadémiák Nemzetközi Szövetségének Rómában tartott IV, nagygyüléséről. (Goldziher Ignácz és König Gyula)* [Rapport (fait avec Jules König) sur la IVᵉ assemblée générale de l'Association internationale des Académies à Rome] (Ak. Ért., 417-424).

310. *Wasser als Dämonen abwehrendes Mittel* (A. R. W., XIII, 20-46).

311. *Magische Steine* (A. R. W., XIII, 308, 309).

312. *Über die Benennung der Ichwân al-ṣafâ* (Der Islam, I, 22-26).

313. *Tumtum al-Hindi* (Or. Ltrztg., XIII, 59-61).

314. *Addition et rectification* (R. E. J., LIX, 160).

315. *Mélanges judéo-arabes.* a. XXXII. Observation sur le texte du « Kitâb-al-Amânât »; b. XXXIII. Sur les Juifs du Maghreb; c. XXXIV. Encore ʿAbd al-Sayyid al-Israʾili (R. E. J., LX, 32-38).

316. *Schiʿitisches* (Z.D.M.G., LIV, 529-533).

1911.

317. Императорское Общество Востоковѣдѣнія. Исламъ (Die Religion des Islams) И. Гольдціэра I. Goldziher. Переводъ И. Крачковскаго подъ редакціей и съ предисловіемъ прив. доц. А. Э. Шмидта. С. Петербургъ. 1911. [La religion de l'Islam par I. Goldziher, traduit en russe par Kratschkowsky, avec préface de A. E. Schmidt, publié par la Société impériale des sciences orientales; voir n° 307.]

318. *Magische Steine* (A. R. W., XIV, 308, 309).

319. Zu Archiv XIII S. 153 : *Verbot des Knochenzerbrechens* (A. R. W., XIV, 309).

320. *Dāwūd b. ʿAlī b. Khalaf* (Hastings Encyclopaedia of Religion and Ethics, IV, 405-406).

321. *Mirbāʾ* (Der Islam, II, 102-104).

322. *Ethische Deutungen* (Z. A. T. W., XXXI, 73).

1912.

323. Elöadások az iszlámról. Irta Goldziher Ignácz. Fordította Heller Bernát [Conférences sur l'islamisme par I. Goldziher, traduites par Bernard Heller] (Traduction du n° 306, Budapest, Académie, viii + 413 pages).

324. A koránmagyarázás különféle irányairól. Elöadások Körösi Csoma Sándor emlékezetére. Az 1912. aprilis 29. én tartott Körösi Csoma Emlékülésen obvasta G. I. [Des différentes tendances de l'exégèse du Qorân.

Conférences faites en mémoire de Körösi Csoma le 29 avril 1912. Germes des conférences faites à l'Université d'Upsala, publiées dans le n° 371] (Budapest, Académie, 24 pages).

325. Современное Человѣчество. (Библіотека обществознанія подъ общей редакціей I. М. Бикермана) I. Голбдцигеръ. Проф. въ Будапештѣ, членъ-корреспондентъ Петербургской Академіи Наукъ. Лекціи объ Исламѣ. Приложена статья Г. Вамбери : Культурное движеніе среди Русскихъ Татаръ. Переводъ съ нѣмецкаго А. Н. Черновоі. Изданіе « Брокгаузъ-Ефронъ ». 1912. [Traduction russe du n° 306 par A. N. Tschernowa.]

326. *Körösi Csoma Sándor-emlékkötet. Bemutatja Goldziher I. r. tag.* [Volume en mémoire de Körösi Csoma présenté par I. Goldziher, membre ordinaire] (Ak. Ért., 1912, 572, 573).

327. *Education* (Muslim) [Encyclopaedia of Religion and Ethics, V, 198-207].

328. *The appearance of the Prophet in dreams* (J. R. A. S., 1912, 503-506).

329. *Aus der Theologie des Fachr al-dîn al-Râzî* (Der Islam, III, 213-247).

330. *Der marokkanische Grosscherif und seine englische Gattin* (Nord und Süd, XXXVI, 419-428).

331. *Internationaler Kongress für Religionsgeschichte, 9-13. September 1912 in London* (Nord und Süd, XXXVII, 202-213).

332. *Tod und Andenken des Chalifen Jezîd I.* (Z.D.M.G., LXVI, 139-143).

333. *Zum Kitâb al-milal wal-nihal des ʿAbdalḳâhir al-Bagdâdî* (Z.D.M.G., LXVI, 165-166).

1913.

334. **Tradition och dogma**, Stockolm, 29 pages. [Traduction suédoise du n° 339.]

335. *Ghair Mahdi* (Encyclopaedia of Religion and Ethics, VI, 189).

336. *Die Zurechtweisung der Seele.* Studies in Jewish Literature issued in Honor of Professor Kaufmann Kohler, Cincinnati, Ohio; Berlin, Georg Reisner, 128-133.

337. *Die Religion des Islams* (dans Die Kultur den Gegenwart herausgegeben von Paul Hinneberg. Zweite vermehrte und verbesserte Auflage. Leipzig-Berlin. B. G. Teubner, I, III, 1, 100-145).

338. *Die islamische und die jüdische Philosophie des Mittelalters* (ibid., Teil I, Abteilung V, p. 301-337).

1914.

339. *Tradition und Dogma.* Vortrag, gehalten in der Synagoge zu Stockholm am zweiten Neujahrstage, 3. Oktober 1913 [Allgemeine Zeitung des Judentums 1914, n° 1 (6-8), n° 2 (22-23), n° 3 (33-35)]. — (Aussi tirage à part Berlin, 12 pages. Voir les n° 334, 340, 357.)

340. *Tradition and Dogma* (The Reform Advocate, Chicago, vol. XLVII, 6-9, 39-42, traduction du n° 339).

341. *Katholische Tendenz und Partikularismus im Islam.* Vortrag, gehalten in der Festversammlung am Fehr-Rydberg-Tage, 21. September 1913 (Beiträge zur Religionswissenschaft hrsg. von der Religionswissenschaftlichen Gesellschaft in Stockolm, I. Jahrgang (1913, 1914, Heft 2, S. 114-142, Leipzig, Hinrichs, 1914).

342. *Ibn Ḥazm.* (Encyclopaedia of Religion and Ethics, VII, 70-72).

343. *Ibn Taimīya* (ibid., VII, 72).

344. *Victor Chauvin,* geb. zu Lüttich 26. Dezember 1844, gest. ebendort 19. November 1913 (Der Islam, V, 108. 109).

345. *A háború és a tudósok szolidaritása.* [La guerre et la solidarité des savants] (Magyar Figyelő, IV, 250-254).

346. *Ibn Barraǧān* (Z.D.M.G., LXVIII, 544-546).

1915.

347. Vámbéry Ármin tiszt. tag emlékezete [Discours prononcé en mémoire de Armin Vámbéry, membre honoraire de l'Académie des Sciences hongroise] (Akad. Emlékbeszédek, XVII, 6, Budapest, 18 pages).

348. Islam fordom och nu. Studier i Korantolkningens Historia. Olaus Petri foreläsningar, Stockholm, H. Geber, 238 pages. [Traduction suédoise du n° 371 par Tor Andrae.]

349. *Paroles adressées à Hans Stumme à propos de son discours de réception à l'Académie hongroise des Sciences le 2 novembre 1915* (Ak. Ert., 1915, 684).

350. *Hellenistischer Einfluss auf mu'tazilitische Chalifats-Theorien* (Der Islam, VI, 173-177).

351. *Die Entblöszung des Hauptes* (Der Islam, VI, 301-316).

352. *Chatm al-Buchārī* (Der Islam, VI, 214).

353. *Abu ğad zu Z. A., XXIX, S. 202, Anm. 4* (Z.A., XXX, 106).

354. *Kleine Mitteilungen* (Z.D.M.G., LXIX, 451).

1916.

·355. Stellung der alten islamischen Orthodoxie zu den antiken Wissenschaften. Aus den Abhandlungen der königl. preuss. Akademie der Wissenschaften, Jahrgang 1915, Phil.-hist. Klasse, Nr. 8, Berlin, Königl. Akad. d. Wiss., 1916, 46 p., in-4°.

356. Streitschrift des Ġazālī gegen die Bāṭinijja Sekte (Veröffentlichungen der De Goeje-Stiftung, n° 3, Leiden, E. J. Brill. 113 + 81 [texte arabe]).

357. *Tradició és dogma* [Tradition et dogme] (Mult és Jövő, VI, 207-212, traduction du n° 249).

358. *Über iğmāʿ.* Aus den Nachrichten von der K. Gesellschaft der Wissenschaften zu Göttingen, Philologisch-historische Klasse, 1916, 81-85 (aussi séparément dans Festgabe für Theodor Nöldeke zum achtzigsten Geburtstage, Göttingen, den 2. März 1916, p. 81-85).

359. *Trinkbare Flüssigkeit im Kameelmagen* (Orientalistiche Literaturzeitung, XIX, 179-180).

360. *Das muslimische Recht und seine Stellung in der Gegenwart.* Vortrag gehalten im «Volksbildungshaus Urania» zu Wien. Pester Lloyd du 31 octobre 1916. — (Aussi tirage à part, Budapest, 1916, 28 pages.)

361. *Zauberkreise.* Aufsätze zur Kultur- und Sprachgeschichte, vornehmlich des Orients, Ernst Kuhn zum 70. Geburtstage, 7, II, 1916, gewidmet (p. 83-86).

362. *Nachträge zu meinem Artikel «Zauberkreise» in der E. Kuhn-Festschrift* (Z.D.M.G., LXX, 272-273).

1917.

363. Mohammed and Islam. By Ignaz Goldziher, Ph. D., Professor of Semitic Philology at the University of Budapest. Translated from the German by Kate Chambers Seelye, Ph. D., with an introduction by Morris Jastrow (New Haven, Yale-University Press; London, Humphrey Milford; Oxford, University Press, 1917, xii + 360 pages). [Traduction du n° 306, mais l'édition entière fut mise au pilon.]

1918.

364. *Arabische Synonymik der Askese* (Der Islam, VIII, 204-213).

365. *Bryson* (Der Islam, VIII, 298).

1919.

366. *Herz Miksa* (Budapesti Szemle, CLXXXI, 228-233).

367. *Die Gottesliebe in der islamischen Theologie* (Der Islam, IX, 144-158).

368. *'Ijādat al-marīḍ* (Z. A., XXXII, 185-200).

369. *Eine Fetwa gegen die Futuwwa* (Z.D.M.G., LXXIII, 127-128).

370. *Zum islamischen Bilderverbot* (*Ibid.*, 288).

1920.

371. **Die Richtungen der islamischen Koranauslegung.** An der Universität Upsala gehaltene Olaus-Petri-Vorlesungen. Veröffentlichungen der «De Goeje-Stiftung», n° VI (Leiden, Brill, x + 392 pages).

372. **Le Dogme et la Loi de l'Islam.** Histoire du développement dogmatique et juridique de la religion musulmane. Traduction par Félix Arin (Paris, Geuthner, viii + 317 pages). [Traduction du n° 306.]

1921.

373. *Zwischen den Augen* (Der Islam, XI, 175-180).

374. *Verhältnis des Bāb zu früheren Ṣūfī-Lehrern* (Der Islam, XI, 252-254).

375. *Ibn abi-l-ʿAkb* (Z.D.M.G., LXXV, 57-59).

375ª. *Nachtrag zu meinem Artikel. Ibn abi-l ʿAkb S. 57 dieses Bandes* (*Ibid.*, 292).

1922.

376. *Himmlische und irdische Namen* (Oriental Studies presented to Professor E. G. Browne, February, Cambridge, University Press, 157-162).

377ª. *Die Religion des Islams* (dans Die Kultur der Gegenwart herausgegeben von Paul Hinneberg, 3ᵉ édition, Berlin und Leipzig, 1922, I, V, 100-145). Réimpression du n° 247 + 142ᵃᵇ, Nachträge zum zweiten Abdruck.

377[h]. *Die islamische und die jüdische Philosophie des Mittelalters* (dans Die Kultur der Gegenwart herausgegeben von Paul Hinneberg, 3ᵉ édition, Leipzig und Berlin, 1922, 301-337). Réimpression du n° 248 + Nachträge zum zweiten Abdruck, p. 337.

378. *Zwei Schwerter* (Der Islam, XII, 198-201).

1923-1924.

379. *A zsidóság lényege és fejlődése* [Essence et évolution du judaïsme], I, II, Népszerű Zsidó Könyvtár szerkesztik Bánóczi József és Gábor Ignác, n° 2 et n° 7 [Budapest], s. a. Réimpression revue et complétée du n° 125 [I, 1923, 72 pages; II, 1924, 87 pages].

[Introduction : Conscience religieuse et scientifique. Idées constantes du judaïsme et évolution. Évolution par des lois et forces générales des masses et, d'autre part, par les puissantes individualités. Coefficients de l'évolution : 1° prophétisme; 2° rabbinisme; 3° philosophie; 4° science religieuse moderne.

I. Prophétisme. Cananéisme et judaïsme : dieux nationaux et Dieu universel; bâmahs, culte des sacrifices, « prophètes » de métier; culte de la conscience, « prophètes » n'appartenant pas à une caste. Le Dieu des prophètes n'est pas une conception métaphysique qui est supprimée par une autre, mais une réalité morale, source du chessed et de qedushsha.

II. Rabbinisme. Phariséisme et sadducéisme. Nomisme et sanctification de la vie. L'aggada. Le rabbinisme tend à délivrer la religion des autorités mortes. Ce n'est pas un système, c'est une méthode.

III. Philosophie. Le judaïsme s'enrichit des idées de toutes les civilisations avec lesquelles il est mis en rapport. Ce ne sont pas des dissidents qui maintiennent ces rapports, mais justement les chefs, souvent officiels, du judaïsme : Saadja, Hay. Maimonide. Les résultats religieux des idées philosophiques doivent pénétrer l'ensemble des fidèles.

IV. Science religieuse moderne. Le moyen âge applique la méthode de l'accommodation, découvre les sciences, par exemple les idées péripatéticiennes dans les saints livres. La science moderne suit le développement historique, l'évolution. La religion ne doit pas nous enseigner les sciences, mais elle doit anoblir chaque science, chaque tendance. Zunz. Geiger. La science religieuse ne doit pas rester la doctrine ésotérique d'une caste sacerdotale, mais une force générale du sentiment religieux. L'évolution moderne du judaïsme nous engage à nous rendre compte de nos idées religieuses, à mettre notre vie religieuse au service des devoirs généraux de l'humanité et des devoirs particuliers de la vie nationale.]

1925.

380. *Vorlesungen über den Islam.* Zweite umgearbeitete Auflage von Dr Franz Babinger. Mit einem Bild des Verfassers und einem Geleitwort von C. H. Becker (Heidelberg, Winter, xii + 406 pages) [voir n° 306].

V

COMPTES RENDUS.

——

1873.

381. Dr Friedrich Müller, *Allgemeine Ethnographie,* Wien, 1873 (Magy. Tanügy, II, 364-367).

382. *Die Theologischen Studien in Oesterreich und ihre Reform* (Magy. Tanügy, II, 472-475).

1874.

383. Whitney, *Die Sprachwissenschaft übers. von Dr Julius Jolly* (Magy. Tanügy, III. 603-612)

384. Oscar Peschel, *Völkerkunde* (Magy. Tanügy, III, 465-469).

1876.

385. Dr Friedrich Müller, *Grundriss der Sprachwissenschaft* (Magy. Tanügy, V, 130-133).

1877.

386. Müller Miksa, *Ujabb fölolvasásai a nyelvtudományról, ford. dr. Simonyi Zsig.* [Conférences nouvelles de M. Müller sur la science des langues, traduites par Sig. Simonyi]. — Cox György : *Görög regék, ford. Komáromy Lajos* [Mythes grecs. D'après Cox, traduits par Komáromy]. — Cox Gy. *A mythologia kézikönyve. Ford. dr. Simonyi Zs.* [Manuel de la mythologie par G. Cox, traduit par Simonyi] (Magy. Tanügy, VI, 44-53).

1880.

387. Wilhem Gesenius † : *Hebräisches und chaldäisches Handwörterbuch über das Alte Testament;* W. Gesenius, *Hebräische Grammatik:* B. Stade, *Lehrbuch der hebräischen Sprache* (E.Ph.K., IV, 281-286).

388. Berliner, Dr A., *Beiträge zur hebräischen Grammatik im Talmud und Midrasch.* Berlin, 1879, 59 pages (Z.D.M.G., XXXIV, 375-384).

1881.

389. Dr Wilhelm Spitta-Bey, Direktor der vicekönigl. Bibliothek in Kairo, *Grammatik des arabischen Vulgärdialectes von Aegypten.* Leipzig. Hinrichs, 1880, xxxi et 519 pages (Z.D.M.G., XXXV, 514-529).

390. *Kitâb al-Amânât wa'l-I'tikâdât von Sa'adja b. Iûsuf al-Fajjûmi.* Herausgegeben von Dr S. Landauer. Leiden. Brill, 1880 (Z.D.M.G., XXXV, 773-783).

1884.

391. *Jeruzsálemi évkönyv* [Annuaire de Jérusalem] (M.Zs.Sz., I, 669). [Anonyme.]

1885.

392. *Codera Aben Pascualis Assila. Dictionarium biographicum* (Ö.M.f.O., XI, 137-138, 156-157).

393. Dr A. Socin, *Arabische Grammatik* (Ö.M.f.O., XI, 201).

1886.

394. W. Robertson Smith, *Kinship and marriage in early Arabia.* Cambridge, University Press, 1885, xvi + 322 pages (Literaturblatt f. orient. Phil., 1886, 19-28).

395. Hartwig Derenbourg, *Ousâma ibn Mounkidh, un émir syrien au premier siècle des Croisades* [1095-1188] (Ö.M.f.O., XII, 77-80).

1887.

396. Hirschfeld Hartwig, *Beiträge zur Erklärung des Koran*, Leipzig, Schulze, 1886, IV, 99 pages (Literaturbl. f. or. Phil., III, 90-94).

397. Snouk Hurgronje, *Mekkanische Sprichwörter und Redensarten* (Ö.M. f.O., XII, 208-210).

398. Hartwig Derenbourg, *La science des religions et l'islamisme.* Deux conférences faites à l'École des Hautes Études. Paris, Ernest Leroux, 1886, 95 pages, n° XLVII de la Bibliothèque orientale elzévirienne (W. Z.K.M., I, 158-161).

399. *Das Buch Al-Chazari des Abû-l-Ḥasan Jehuda Hallevi, im arabischen Urtext sowie in der hebräischen Übersetzung des Jehuda ibn Tibbon.* Herausgegeben von Hartwig Hirschfeld. Leipzig, Schulze, 1887, XLIX et 361 pages (Z.D.M.G., XLI, 691-707).

1888.

400. Emil Wietzke, *Der biblische Simson der ägyptische Horus-Ra.* Eine neue Erklärung zu Jud. 13-16. Wittenberg, Wunschmann, 1888, 52 pages (W.Z.K.M., II, 341-345).

1889.

401. Roches Léon, *Trente-deux ans à travers l'Islam* (Ö.M.f.O., XV, 18).

402. Snouck Hurgronje, *Mekkawerk* (Ö.M.f.O., XV, 18-23).

403. Comte de Landberg, *Primeurs arabes* (W.Z.K.M., III, 357-364).

1893.

404. Savvas Pacha, *Étude sur la théorie du Droit musulman,* 1ʳᵒ partie. Paris, Marchal et Billard, 1892, xlv + 163 + 170 pages (Byzantinische Zeitschrift, II, 317-325).

405. Nallino C. A., *Chrestomathia Qorani arabica.* Lipsiae, W. Gerhard, vi, 68 et 74 pages (R.H.R., XXVIII, 378-382).

1893-1894.

406. Kuun Géza Comes, *Relationum Hungarorum cum Oriente gentibusque orientalis originis historia antiquissima.* Kolozsvár, 1892 (*a.* B. Sz., 1893; LXXVI, 311-315; *b.* Westöstliche Rundschau, 1894, I, 77-79).

1894.

407. A. Seidel, *Praktisches Handbuch der arabischen Umgangssprache ägyptischen Dialektes.* Mit zahlreichen Übungsstücken und einem ausführlichen ägypto-arabisch-deutschem Wörterbuche. Berlin, Gergone, vi + 310 pages (Globus, LXVI, 131).

408. René Basset, *L'expédition du Château d'or et le combat de ʿAlî contre le dragon.* Rome, 1893 (R.H.R., XXIX, 216-219).

1895.

409. Gróf Kuun Géza, *Relationum Hungarorum cum Oriente gentibusque orientalis originis historia antiquissima,* II. Kolozsvár (B.Sz., LXXXIII, 147-150).

410. I. B. Rüling, *Beiträge ur Eschatologie des Islam.* Leipzig, Harrassowitz, 1895 (D.L.Z., XVI, 835-837).

411. Georg Jacob, *Studien in arabischen Dichtern.* Bd. III : Das Leben der vorislamischen Beduinen nach den Quellen geschildert. Berlin, Mayer und Müller, 1895 (D.L.Z., XVI, 835-837).

412. Ch. Karsandas Mulji and F. A. Ráná, *An Epitome of Mahomedan Law.* Bombay, Examiner Press, 1895 (D.L.Z., XVI, 1584-1585).

413. *Studia Sinaitica.* (Nyt. K., XXV, 96-101).
[Compte rendu des *Studia Sinaitica* by S. A. Lewis, I-IV. London, Cambridge, University Press, 1894.]

414. René Basset. *La Bordah du cheik El-Bousîrî, poème en l'honneur de Mohammed, traduit et commenté.* Paris, Leroux, 1894 (R.H.R., XXXI, 304-311).

415. *Fath al-Qarîb. La révélation de l'Omniprésent.* Commentaire sur le Précis de jurisprudence musulmane d'Abou Chodjâ' par Ibn Qâsim al-Ghazzâ. Texte arabe publié et traduit sur ordre du Gouvernement néerlandais par L. W. C. van den Berg. Leiden, Brill, 1895, xxvi+742 pages (Z.D.M.G., XLIX, 210-217).

1896.

416. *Chronique des Almohades et des Hafsides attribuée à Zarkachi.* Traduction française par E. Fagnan. Constantine, 1895 (D.L.Z., XVII, 717-719).

417. G. Van Vloten, *Recherches sur la domination arabe, le Chiitisme et les croyances messianiques sous le Khalifat des Omayades.* Amsterdam, Académie des Sciences, 1894, 81 (D.L.Z., XVII, 239-241).

418. Sir William Muir, *The Mameluke or Slave Dynasty of Egypt (1260-1517).* London, Smith Elder and Co., 1896, xxxii+245 pages (D.L.Z., XVII, 885-887).

419. Julius Euting, *Tagebuch einer Reise in Inner-Arabien.* Erster Teil. Leiden, Brill, 1896 (D.L.Z., 1361-1364).

420. *Le livre de l'impôt foncier de Jahyá ibn Aram* publié par Juynboll. Leiden, Brill, 1896, ix+142 pages (D.L.Z., XVII, 1514-1515).

421. T. W. Arnold, *The preaching of Islam. A History of the Propagation of the Muslim Faith.* Westminster, Archibald Constable and Co, 1896, xvi+388 (D.L.Z., XVII, 1585-1587).

422. *Festschrift zum achtzigsten Geburtstage Moritz Steinschneiders.* Leipzig, Harrassowitz, 1896, xxxix + 244 + 220 pages (D.L.Z., XVII, 1640-1641).

1897.

423. Nic. de Vay, *Halle aux Anglais* (B.Sz., LXXXIX, 145-148).

1897.

424. A. Mordtmann, *Die deutsche Botschaft in Konstantinopel.* 1573-1578. Bern, 1895, 50 pages (D.L.Z., XVIII, 147).

425. Leo Hirsch, *Reisen in Südarabien, Mahraland und Hadramût.* Leiden, Brill, 1897, xii + 1322 pages (a. D.L.Z., XVIII, 581-583; b. Globus, LXXI, 393, 394). [Signé-l-.]

426. Martin Hartmann, *Das arabische Strophengedicht.* I. *Das Muwaššah.* Ergänzungsheft zur Zeitschr. f. Assyriologie. Semitische Studien herausg. von C. Bezold. Heft 13-14. Weimar, Felber, 1897, vii + 258 pages (a. D.L.Z., XVIII, 1810-1812; b. Globus, LXXI, n° 48).

427. *Bibliographie arabischer Druckwerke.* Edward A. Van Dyck, *Kitâb iktifâ alḳunû* (W.Z.K.M., XI, 231-241).

1898.

428. *Renan és Berthelot levelezése* [La correspondance de Renan et Berthelot] (B.Sz., XCVI, 261-290).

429. Washington-Serruys, *L'arabe moderne étudié dans les journaux et les pièces officielles.* Beyrouth, Imprimerie catholique, 1897 (D.L.Z., XIX, 504-506).

430. Eduard Sachau, *Mohammedanisches Recht nacht schafiitischer Lehre.* Lehbücher des Seminars für Orientalische Sprachen in Berlin. 1897 (D.L.Z., XIX, 806-808).

431. Theophil Löbel, *Hochzeitsbräuche in der Türkei*. Nach eigenen Beobachtungen und Forschungen und nach den verlässlichsten Quellen. Mit einer Einleitung von H. Vámbéry, Ethnographische Forschungen in der Türkei. Amsterdam, I. H. de Bussy, 1898 (D.L.Z., XIX, 1051).

432. Henry Preserved Smith, *The Bible and Islam or the Influence of the Old and New Testament on the Religion of Mohammed*. London, James Nisbet and Co., 1898 (D.L.Z.. XIX, 1257-1260).

433. Hubert Jansen, *Verbreitung des Islams mit Angabe der verschiedenen Riten, Sekten und religiösen Brüderschaften in den verschiedenen Ländern der Erde 1890 bis 1897*. Friedrichshagen bei Berlin, Selbstverlag, 1897 (D.L.Z., XIX, 1533-1534).

434. Paul Brönnle, *Die Kommentatoren des Ibn Ishâk und ihre Scholien, nebst dem Kommentar des Abû Darr und des Suheili über die Schlacht bei Bedr.* (Ibn Hišâm, ed. Wüstenfeld, I., 516-530), hgb. u. textkritisch bearb. Hallische Inaug. Dissert. Leipzig, Harrassowitz, 1895 (D.L.Z., XIX, 1874-1875).

435. Walter M. Patton, *Ahmed ibn Hanbal and the Mihna. A Biography of the Imâm including an account of the Mohammedan inquisition called the Mihna*, Montréal, Canada; Leiden, Brill, 1897, 208 pages (Z.D.M.G.. LII, 155-160).

1899.

436. Achelis, *Archiv für Religionswissenschaft*. I (B. Sz.. XCVII, 152-156).

437. Otto Pautz, *Muhammeds Lehre von der Offenbarung quellenmässig untersucht*. Leipzig, Hinrichs, 1898, vii+304 pages (a. B. Sz., C, 151-153; b. A.R.W.. VI, 186-195).

438. Gustav Rothstein, *Die Dynastie der Lahmiden in al-Hira*. Berlin, Reuther und Reichard, 1899 (D.L.Z., XX, 150-152 pages).

439. S. D. Margoliouth, *The letters of Abu'l-'Alâ edited with the Life of the Author by Al-Dhahabi. and with Translation. Notes. Indices and Biography.*

Anecdota Oxoniensia. Oxford, Clarendon Press; London, Henry Frowde, 1898 (D.L.Z., XX, 296-299).

440. Edmond Doutté, *Bulletin bibliographique de l'Islam maghrebien* (extrait du Bulletin de la Société de géographie d'Oran, fasc. LXXIX, janvier à mars 1899, I, 1897, 1ᵉʳ semestre 1898. Oran, Fouque, 1899 (D.L.Z., XX, 898-899).

441. Ruscheid ʿAtijja al-Lubnânî, *Al-dalîl ilâ murâdif al-ʿammî wal dachîl*. Beirut, Leipzig, Harrassowitz, 1898 (D.L.Z., XX, 150 *b*-150 *c*).

442. Ferd. Wüstenfeld, *Geschichte der Türken mit besonderer Berücksichtigung des vermeintlichen Anrechts derselben auf den Besitz von Griechenland*. Leipzig, Dieterich, 1899 (D.L.Z., XX, 1635-1636).

443. Martin Hartmann, *The Arabic Press of Egypt*. London, Luzac and Co, 1899 (D.L.Z., XX, 1787-1788).

444. Brockelmann Carl, *Geschichte der arabischen Literatur*, I Band. Weimar, Felber, 1898, vii+528 pages (G.G.A., 1899, 6, 450-467).

445. Carra de Vaux, *Le Mahométisme; le génie sémitique et le génie aryen dans l'Islam*. Paris, Honoré Champion, 1898, 232 pages (Z.D.M.G., LIII, 380-388).

1900.

446. Otto Proksch, *Über die Blutrache bei den vorislamischen Arabern und Mohammeds Stellung zu ihr*. Leipziger Studien aus dem Gebiet der Geschichte. Hgb. von G. Buchholtz, K. Lamprecht, E. Marcks; G. Geeliger. Leipzig, 1899 (D.L.Z., XXI, 1268-1270).

447. *Die Alfije des Ibn Muʿti*. Herausgegeben von K. v. Zetterstein. Leipzig, Hinrichs, 1900 (D.L.Z., XXI, 1823-1824).

448. *Katalog der Bibliothek der Deutschen Morgenländischen Gesellschaft*, I. Band : Drucke : Zweite Auflage. Bearbeitet von R. Pishel, A. Fischer, G. Jakob. Leipzig, Brockhaus, 1900 (D.L.Z., XXI, 2846-2848).

449. Otto Alberts, *Aristotelische Philosophie in der türkischen Litteratur des XI. Jahrhunderts.* Halle, Kaemmerer und Co., 1899. Dasselbe, Neue Folge, Ebenda, 1900 (D.L.Z., XXXI, 3101-3102).

450. A. Le Chatelier, *L'Islam dans l'Afrique occidentale.* Paris, Steinheil, 1899 (Orientalistische Literaturzeitung, III, 139-143).

451. René Basset, *Les sanctuaires du Djebel-Nefousa.* Paris, Ernest Leroux, 1899 (R.H.R., XLI, 398-401).

452. *Bemerkungen zu Huart's Ausgabe des Kitâb al-bad' walta'rich von al-Balchî* (Z.D.M.G., LIV, 396-405). — [Voir n° 463, 493.]

1901.

453. *A kairói Huszan-mecset* [La mosquée de Hassan au Caire] (Ak. Ért., 12-17).

[A la fois compte rendu de : *La Mosquée du Sultan Hassan au Caire*, par Max Herz Bey, membre et architecte en chef du Comité. Ouvrage publié par le Comité de conservation des monuments de l'art arabe. Le Caire, Imprimerie de l'Institut français d'archéologie orientale, 1899.]

454. René Dussaud, *Histoire et religion des Noṣairis.* Paris, Émile Bouillon, 1900, xxxv+211 pages (A.R.W., IV, 85-95).

455. Le Baron Carra de Vaux, *Avicenne* [Les grands philosophes]. Paris, Félix Alcan, 1900 (D.L.Z., XXII, 10-11).

456. Édouard G. Browne, *A Hand-List of the Muhammedan Manuscripts, including all those written in the arabic character, preserved in the Library of the University of Cambridge.* Cambridge, University Press; London, C. I. Clay and Sons, 1900 (D.L.Z., XXII, 271-273).

457. Paul Brönnle, *Contributions toward arabic philology.* I. The Kitâb al-Maksûr W'al-Mamdûd by Ibn Wallâd, being a treatise biographical and grammatical... edited with text-critical notes, introduction, commenta y and indices. London, 1900 (D.L.Z., XXII, 462-463).

458. G. Le Strange, *Baghdad during the Abasside Caliphate from contemporary Arabic and Persian sources*. Oxford, Clarendon Press; London, Henry Frowde, 1900 (D.L.Z., XXII, 746-748).

459. T. J. de Boer, *Geschichte der Philosophie im Islam*. Stuttgart, Fr. Frommann, 1901 (D.L.Z., XXII, 1676-1680).

460. Giuseppe Gabrieli, *Al Burdatān, ovvero i due poemi arabi del « Mantello » in lode di Maometto*. Tirage à part des Studi Religiosi, Rivista critica e storica promotrice della cultura religiosa in Italia, 1901. Firenze, Biblioteca Scientifico-Religiosa, 1901 (D.L.Z., XXII, 1883, 1884).

461. Miguel Asín Palacios Presbitero, *Algazel, dogmática, moral, ascética, con prologo Menéndez y Pelayó*. Zaragoza, Comas Hermanos, 1901 (D.L.Z., XXII, 3025-3029).

462. *Histoire de l'Algérie par ses monuments*. 1900, 104 pages (Globus, LXXIX, 98).

463. *Le Livre de la création et de l'histoire d'Abou-Zéïd Ahmed b. Sahl el-Balkhi*, publié et traduit d'après le manuscrit de Constantinople par M. Cl. Huart. Tome II. Publications de l'École des Langues orientales vivantes, IVe série, vol. XVII. Paris, Ernest Leroux, x+220+241 pages (Z.D.M.G., LV, 702-716).

1902.

464. *Jewish Encyclopedia* (B. Sz., CXI, 327-331).

465. De Goeje, *Mémoire sur les migrations des Tziganes* (B. Sz., CXVII, 331-334).

466. Gustav H. Dalman, *Palästinischer Diwan. Als Beitrag zur Volkskunde Palästinas gesammelt und mit Übersetzungen und Melodieen herausgegeben*. Leipzig, Hinrichs, 1901 (D.L.Z., XXIIII, 1244-1247).

467. Selim Khan Keun de Hoogerwoerd, Dr. Jur., *Kritische Studien zur Einführung in das Recht des Islam*. Rudolfstadt, Müller, 190 (D.L.Z., XXIII, 1078-1079).

468. Carl. H. Becker, *Beiträge zur Geschichte Aegyptens unter dem Islam.*
Erstes Heft. Strassburg, Trübner, 1902 (D.L.Z., XXIII, 1834-1835).

469. René Basset, *Nouvelles contributions à l'hagiologie de l'Islam. Nédro-*
mah et les Traras. Publications de l'École des Lettres d'Alger; Bulletin de
correspondance africaine, t. XXV. Paris, Ernest Leroux, 1901, XVII +
238 pages (R.H.R., XLV, 208-219).

470. Wise Stephen S., *The improvement of the moral qualities, an ethical*
treatise of the eleventh century by Salomon ibn Gabirol. New-York, The Columbia University Press, 1901 (Z.H.B., VI, 140-146).

1903.

471. Leone Caëtani, *Annali dell' Islam* (B.Sz., CXXII, 311-314).

472. A. I. Butler, *The Arab conquest of Egypt and the last thirty years of*
the Roman dominion. Oxford, Clarendon Press, 1902, XXXIV + 563 pages
(*a.* Athenaeum, 1903, I, 455-457; *b.* Byz. Zeitschr., XII, 604-608).

473. Moritz Steinschneider, *Die arabische Litteratur der Juden. Ein Bei-*
trag zur Litteraturgeschichte der Araber, grossentheils aus handschriftlichen
Quellen. Frankfurt a. M., Kauffmann, 1902 (D.L.Z., XXIV, 24, 25).

474. Baron Carra de Vaux, *Gazali. — Les grands philosophes.* Paris,
Félix Alcan, 1902 (D.L.Z., XXIV, 400-405).

475. Bernhard Hamburger, *Maimonides' Einleitung in die Mischna-*
Arabischer Text mit umgearbeiteter hebräischer Übersetzung des Charizi und
Anmerkungen herausgegeben. Frankfurt a. M., Kauffmann, 1902. — F. Simon, *Der Mischna-Kommentar des Maimonides zum Traktat Mo'ed katan*
und zum Traktat Sabbath, V, VI, VII. Im arabischen Urtext nebst verbes-
serter hebräischer Übersetzung hgb. Frankfurt a. M., 1902 (D.L.Z.,
XXIV, 1024-1027).

476. E. Blochet, *Le messianisme dans l'hétérodoxie musulmane.* Paris,
Maisonneuve, 1903 (D.L.Z., XXIV, 2535-2540).

477. Carl H. Becker, *Beiträge zur Geschichte Agyptens unter dem Islam.* II. Heft. Strassburg, Trübner, 1903 (D.L.Z., XXIV, 3135-3137).

478. Gabriel Ferrand, *Les Çomalis.* Paris, Ernest Leroux, 1903, xiv + 284 pages (Globus, LXXXIV, 98-99).

479. Macdonald Duncan B., *Development of Muslim Theology, Jurisprudence and Constitutional Theory.* New-York, Scribners Sons, 1903, xii et 386 pages (R.H.R., XLVIII, 263-267).

480. René Basset, *La Khazradjyah. Traité de métrique arabe par Ali El Khazradji,* traduit et commenté par René Basset. Alger, 1902, xii + 181 pages (W.Z.K.M., XVII, 187-191).

481. A. de Vlieger, *Kitâb al-Qadr. Matériaux pour servir à l'étude de la doctrine de la prédestination dans la théologie musulmane.* Leyde, Brill, 1902. xi + 213 pages (Z.D.M.G., LVII, 392-402).

482. O. F. Seybold, *Geschichte von Sul und Schumul, unbekannte Erzählung aus Tausend und einer Nacht.* Nach dem Tübinger Unikum herausgegeben, xvii + 104 pages. Dazu dasselbe aus dem Arabischen übersetzt von demselben, vii + 94 pages. Leipzig, Spirgatis, 1902. In 2 Teilen (Z.D.M.G., LVII, 405-411).

483. Hartwig Derenbourg, *Les manuscrits arabes de l'Escurial,* t. II, fasc. 1. Paris, Ernest Leroux, 1903, xxvii + 81 pages (Z.D.M.G., LVII, 810-812).

484. Kaufmann F., *Tractat über die Neulichtbeobachtung und den Jahresbeginn bei den Karäern von Samuel b. Moses...* herausgegeben und ins Deutsche übertragen. Frankfurt a. M., Kauffmann, 1903 (Z.H.B., VII, 68-70).

1904.

485. T. J. de Boer, *The history of philosophy in Islam.* Translated by Edward R. Jones. London, Luzac and Co., 1903 (D.L.Z., XXV, 273).

486. Yahuda A. S., *Prolegomena zu einer erstmaligen Herausgabe des Kitâb-al-Hidâja ilâ farâïd alqulûb von Bachja ibn Josef ibn Paquda, aus dem*

Andalus, nebst einer grösseren Textbeilage. Darmstadt, 1904, viii+43
+49 pages (*a.* D.L.Z., XXV, 1033-1035; *b.* R.E.J., XLIX, 154-160).

487. Max van Berchem, *Matériaux pour un Corpus Inscriptionum Arabicarum.* Ire partie : *Égypte.* Mémoires publiés par les Membres de la Mission archéologique française au Caire. Paris, Ernest Leroux, 1903
(D.L.Z., XXV, 2408-2411).

488. Else Reitemeyer, *Beschreibung Agyptens im Mittelalter, aus den geographischen Werken der Araber zusammengestellt.* Leipzig, Dr. Seele und Co.
(Globus, LXXXV, 294).

489. Georg Jacob, *Vorträge türkischer Meddähs mimischer Erzählungs-
künstler.* Zum ersten Male ins Deutsche übertragen und mit Textprobe und
Einleitungen herausgegeben, iv+120+8. Berlin, Mayer und Müller,
1904 (Globus, LXXXVI, 64).

490. Muhammed Adil Schmitz du Moulin, *Istambul, d. h. die Stadt des
Glaubens.* Leipzig, Rudolf Uhlig, 1904, 314 pages (Globus, LXXXVI,
98).

491. Muhammed Adil Schmitz du Moulin, *Der Islam, d. h. die Erge-
bung in Gottes heiligen Willen.* Leipzig, Rudolf Uhlig, 1904, ix+245 pages
(Globus, LXXXVI, 268).

492. Th. W. Juynboll, *Handleiding tot de Kennis van de Mohamme-
daansche Wet volgens de leer der Sjâfiitische school.* Leiden, Brill, 1903,
xv+396 pages (W.Z.K.M., XVIII, 356-363).

493. *Le Livre de la création et de l'histoire de Moṭahhar ben Tâhir el Mak-
disî attribué à Abou Zéïd Aḥmed ben Sahl al Balkhî,* publié et traduit d'après
le manuscrit de Constantinople par M. Cl. Huart : tome III. Paris, Ernest
Leroux, 1903, vii+211+238 pages [Publications de l'École des Langues
orientales vivantes, IVe série, vol. XVIII] (Z.D.M.G., LVIII, 925-930).

494. *Les Zaouïas.* Texte arabe. Alger, Impr. Fontana, 1904
139 pages (?).

6.

1905.

495. Petrus ibn Rahib, *Chronicon orientale.* Textus et versio. Publié par L. Cheikho S. J. [Corpus scriptorum Christianorum orientalium curantibus I. B. Chabot, I. Guidi, H. Hyvernat, B. Carra de Vaux. — Scriptores arabici. Series III, t. I] Beirut. Imprimerie Catholique. Leipzig, Harrassowitz, 1903 (D.L.Z., XXVI. 595-597).

496. Julius Wolfsohn Dr., *Der Einfluss Gazâli's auf Chisdai Crescas* Frankfurt a. M., Kauffmann, 1905 (D.L.Z., XXVI, 1902-1903).

497. J. Georg Graf, *Die christlich-arabische Literatur bis zur fränkischen Zeit* (Ende des xi. Jahrhunderts) [Strassburger, theologische Studien, Hgb. von Albert Ehrhard und Eugen Müller, VII. B., 1. Heft]. Freiburg, 1905. II. Le même. *Der Sprachgebrauch der ältesten christlich-arabischen Literatur.* Leipzig, Harrassowitz, 1905 (D.L.Z., XXVI, 3179-3183).

498. Grimme, Hubert, *Mohammed, Die weltgeschichtliche Bedeutung Arabiens.* Mit 1 Karte und 60 Abbildungen. München, Kirchheim, 1904. *Weltgeschichte in Characterbildern,* hrsg. v. F. Kampers, S. Merkle und M. Spayn. 2. Abteilung. Mittelalter (Literarisches Zentralblatt, 1905, 93, 94).

499. *L'École supérieure des lettres et les médersas d'Alger au XIVe Congrès des Orientalistes.* Recueil de mémoires et de textes publiés en l'honneur du XIVe Congrès des Orientalistes par les professeurs de l'École supérieure des lettres et des médersas. Alger, 1905 (R.H.R., LII, 219-236).

500. Eduard Reuss, *Briefwechsel mit seinem Schüler und Freunde Karl Heinrich Graf.* Zur hundertjährigen Feier seiner Geburt herausgegeben von K. Budde und H. J. Holtzmann. Giessen, Töpelmann, 1904, xi+601 pages (Z.D.M.G., LIX, 180-186).

501. L. Grünhut und Markus N. Adler, *Die Reisebeschreibungen des R. Benjamin von Tudela,* ediert und übersetzt, mit Anmerkungen und Einleitung versehen. I (hebräischer) Teil, 164 pages; II (deutscher) Teil, 102 pages, Jérusalem, 1903-1904 (Z.D.P.V., XVIII, 151-154).

1906.

502. *Zwei Gedichte von al-ʾAʿšâ,* herausgegeben, übersetzt und erläutert
von R. Geyer. I. Mâ bukâ'u. Dans Sitzungsberichte der Kais. Ak. der
Wiss. in Wien, Phil.-hist. Klasse, Bd. CXLIX, n° VI, Wien, Gerold, 1905
(D.L.Z., XXVII, 210-213).

503. *Orientalische Studien, Theodor Nöldeke zum siebzigsten Geburtstag*
(2 März 1906) gewidmet von Freunden und Schülern und in deren Auf-
trag herausgegeben von C. Bezold. Giessen, Töpelmann, 1906 (D..ZL.,
XXVII, 1050-1052).

504. C. H. Becker, *Papyri Schott-Reinhardt,* I. herausgegeben und
erklärt. [Veröffentlichungen aus der Heidelberger Papyrus-Sammlung III.]
Heidelberg, Winter, 1906 (D.L.Z., XXVII, 2547-2550).

505. Michael Wittmann D^r, *Zur Stellung Avencebrol's* [*Ibn Gebirol's*] *im
Entwicklungsgang der arabischen Philosophie* [Beiträge zur Geschichte des
Mittelalters. Hgb. von Clemens Bäumker u. Georg Frhr. v. Hertling. V. I.]
Münster, Aschendorff, 1905 (D.L.Z., XXVII, 2810-2812).

506. Karl Opitz [D^r med.], *Die Medicin im Koran.* Stuttgart, Enke, 1906
(D.L.Z., XXVII, 3108-3110).

507. D^r jur. W. Albrecht, *Grundriss des osmanischen Staatsrechtes,* Berlin,
Vahlen, 1905 (Globus, LXXXVIII, 64).

508. *Türkische Bibliothek.* Herausgegeben von Dr Georg Jacob. 2 u. 3
Bd., Berlin, Mayer u. Müller, 1905, vii+64 pages, viii+64 pages
(Globus, XC, 97).

509. K. Vollers, *Katalog der islamischen, christlich-orientalischen, jüdischen
und samaritanischen Handschriften der Universitäts-Bibliothek zu Leipzig von
K. Vollers,* mit einem Beitrag von J. Leipoldt. Katalog der Handschriften
der Universitäts-Bibliothek zu Leipzig, Bd. II. Leipzig, Harrassowitz, 1906,
xi+508 pages (W.Z.K.M., XX, 391-395).

1907.

510. D. S. Margoliouth, *Ummayads and Abbasids being the fourth Part of Jurji Zaydán's History of Islamic Civilisation* [« E. W. Gibb Memorial » Series, vol. IV.] Leiden, Brill, London, Luzac and C°, 1907 (D.L.Z., XXVIII, 1505-1508).

511. Karl Narbeshuber, *Aus dem Leben der arabischen Bevölkerung in Sfax (Regentschaft Tunis)*. Mit einem Beitrage von Hans Stumme. [Veröffentl. des städt. Museums f. Völkerkunde zu Leipzig, Heft 2.] Leipzig, Voigtländer, 1907 (D.L.Z., XXVIII, 2459-2460).

512. Israel Schapiro, *Die haggadischen Elemente im erzählenden Teil des Korans.* 1 Heft [Schriften herausgegeben von der Ges. zur Förderung der Wiss. des Judentums.] Leipzig, Fock, 1907 (D.L.Z., XXVIII, 3098-3100).

513. *Türkische Bibliothek,* herausg. von Dr G. Jacob. Berlin, Mayer u. Müller, VI Bd., 1906, 140 pages; VII Bd., 1907, 64 pages (Globus, 1907, 272-273).

514. Kroner H., *Ein Beitrag zur Geschichte der Medizin des XII. Jahrhunderts an der Hand zweier medizinischer Abhandlungen des Maimonides... dargestellt und kristisch beleuchtet.* Frankfurt a. M., J. Kauffmann, 1906 (Z.H.B., XI, 144-146).

1908.

515. Robt. Roberts D^r, *Das Familien-Sklaven- und Erbrecht im Qoran.* [Leipziger semitistische Studien hgb. von A. Fischer und H. Zimmern II, 6.] Leipzig, Hinrichs, 1908 (D.L.Z., XXIX, 1587-1589).

516. *Enzyklopädie des Islam. Geographisches und biographisches Wörterbuch der muhammedanischen Völker.* Herausgegeben von M. Th. Houtsma u. A. Schaade. 1 Lief. Leiden, Brill, Leipzig, Harrassowitz, 1908 (D.L.Z., XXXIX, 2009-2012).

517. Antonin Janssen, *Coutumes des Arabes au pays de Moab.* Paris, Lecoffre, 1908 (D.L.Z., XXIX, 3117-3121).

518. Aloïs Musil's ethnologische Studien in Arabia Petraea (Globus, XCIII).

519. *Türkische Bibliothek,* herausg. von Dr Georg Jacob. 8 Bd. Der übereifrige Xodscha Nedim. Eine Meddâh-Burleske, türkisch u. deutsch mit Erläuterungen herausg. von Dr Friedrich Giese. x + 33 + 25 pages. Berlin, Mayer und Müller, 1907. — 9 Bd. Beiträge zur Kenntniss des Derwisch-Ordens der Baktaschis von dr. Georg Jacob. x + 100 pages. Ibidem, 1908 (Globus, XCIV, 66).

520. J.-D. Luciani, *La Djauhara. Traité de théologie par Ibrahim Laqani,* avec notes *d'Abdesselem et d'El-Badjouri.* Texte arabe et traduction française. Alger, 1907, xxi + 39 + 36 pages (R.H.R., LVIII, 259-262).

521. *The Bustan al-Ukul by Nathanael ibn Al-Fayyumi,* edited and translated . . . by David Levine. New-York, Macmillan, 1908, xvi + 142 + 88 pages (W.Z.K.M., XXII, 200-208).

1909.

522. Schaikh Mushir Hosain Kidwai [Bar. at-Law of Gadia, Bara Banki, Oudh, India]. *Pan-Islamism.* London, Luzac and C°, 1908 (D.L.Z., XXX, 20-22).

523. Augusta Haffner et P. L. Cheikho, *Dix anciens traités de Philologie arabe* [avec titre arabe aussi]. Beyrouth, Imprimerie catholique, 1908 (D.L.Z., XXX, 728-729).

524. L. Cheikho S. J., *La littérature arabe au XIXe siècle,* 1re partie de 1800 à 1870. Beyrouth, Imprimerie catholique, 1908 (D.L.Z., XXXI, 1114-1115).

525. Myhrman D. W., Tāj-ad-din Abu Nasr 'Abd-el-Wahhāb as-Subki, *Kitâb Mu'id an-ni'am wa-mubid an-nigam, The restorer of favours and the restrainer of chastiments.* The arabic text with Introduction and Notes, edited by..., London, Luzac and C°, 1908 (D.L.Z., XXXI, 2582-2587).

526. *Türkische Bibliothek,* herausg. von Dr Geog Jacob, 10 Band. Mehmed Tewfik. Ein Jahr in Konstantinopel, 5. Monat : Die Schenke oder die Gewohnheitstrinker von Konstantinopel. . . im Deutsche übertr. u. durch Fussnoten erklärt von Dr Theod. Menzel. vi + 155 pages. II Band. : Das Heiligtum al-Husains zu Kerbela von Dr A. Nöldeke. vii + 72 pages. Berlin, Mayer und Müller, 1909 (Globus, XCV, 82).

527. Alfred Bel, *La population musulmane de Tlemcen.* Paris, Geuthner, 57 pages, 29 figures (Globus, XCV, 305, 306).

528. Prof. Dr Paul Schwarz, *Die Abbasidenresidenz Sāmarrā.* Neue historisch-geographische Untersuchungen. Leipzig, Wigand, 1909, 42 pages (Globus, XCV, 306).

529. S. D. Margoliouth, *The Irshád al-ʿArīb ila Maʿrifat al-adīb, or Dictionary of Learned Men of Yāqūt.* Edited by S. D. Margoliouth. «E. J.W. Gibb-Memorial». Vol. II, containing the later part of the letter ﺝ to the end of the letter ﺡ. Leyden, Brill; London, Luzac, 1909, 438 pages (J.R.A.S., 773-781).

530. M. Horten, *Die Metaphysik Avicennas enthaltend die Metaphysik, Theologie, Kosmologie und Ethik, übersetzt u. erläutert.* Halle, New-York. Haupt, 1907-1909 (Or. Literaturzeitung, XII, 147-170).

1910.

531. *Türkische Bibliothek.* Herausg. von Dr Georg Jacob, I-XI. kötet, Berlin, Mayer u. Müller, 1904-1909 (B.Sz., CXLI, 153-159).

532. Le Baron Carra de Vaux, *La doctrine de l'Islam.* [Études sur l'histoire des religions, 3.] Paris, Beauchesne et Cie, 1909, iv + 319 pages (D.L.Z., XXXI, 21-23).

533. Max van Berchem, *Matériaux pour un Corpus inscriptionum arabicarum.* 2ᵉ partie : Moritz Sobernheim, Syrie du Nord. 1ᵉʳ fasc. : Akkâr, Ḥiṣn al-Akrâd, Tripoli. [Mémoires publiés par les membres de l'Institut français d'archéologie orientale du Caire sous la direction de É. Chassinat, t. XXV.] Le Caire, 1909, vii + 139 pages (D.L.Z., XXXI, 411-413).

534. 1. Léon Gauthier, *Ibn Thofaïl, sa vie, ses œuvres* [Publications de l'École des Lettres d'Alger, t. XLII.] Paris, Ernest Leroux, 1909, 1235 pages. — 2. Le même, *La Théorie d'Ibn Rochd (Averroës) sur les rapports de la religion avec la philosophie* [Dieselbe Sammlung, t. XLI]. Ebda, 1909] 195 pages. — 3. P. Otto Keicher, *Raymundus Lullus und seine Stellung zur arabischen Philosophie*. Mit einem Anhang, enthaltend die zum ersten Male veröffentlichte «Declaratio Raymundi per modum dialogi edita» [Beiträge zur Geschichte der Philosophie des Mittelalters... Bd. VII, Heft und 45.] Münster, Aschendorf, 1909, 203 pages (D.L.Z., XXXI, 2642-2646).

535. D. S. Margoliouth, *The Irshād al-'Arīb ila Ma'rifat al-Adīb, or Dictionary of Learned Men of Yāqūt*. Vol. III, Leyden, Brill; London, Luzac, 1910 (J.R.A.S., 1910, 885-891).

536. *Der Islam*. Zeitschrift für Geschichte und Kultur des islamischen Orients, herausgegeben von C. H. Becker. Mit Unterstützung der Hamburgischen Wissenschaftlichen Stiftung. Band I, Heft I, Strassburg. 1910 (Z.A., XXIV, 359-365).

1911.

537. *Mélanges de la Faculté Orientale (Université Saint-Joseph, Beyrouth)*. IV Bd., Paris, Honoré Champion; London, Luzac et C°; Leipzig, O. Harrassowitz, 1910 (D.L.Z., XXXII, 22-26).

538. Franz Frederik Schmidt, *Die Occupatio im islamischen Recht* [S.A. aus «Der Islam»]. Strassburg, Trübner, 1910, 57 pages (D.L.Z.. XXXII, 310-311).

539. L. Cheikho S.J., *La littérature arabe au XIXe siècle*, 2e partie, de 1870 à 1900. Beyrouth, Imprimerie catholique, 1910, IV+ 204 pages (p. 145-152 en double). (D.L.Z., XXXII, 477-480.)

540. Georg Graf, 1. *Die arabischen Schriften des Theodor Abû Qurra, Bischofs von Harrân (ca. 740-820)*. Literarhistorische Untersuchungen und Übersetzungen [Forschungen zur christlichen Literatur- und Dogmengeschichte... 10 Bd., 3, 4 Heft] Paderborn, Schöningh, 1910, VIII+

366 pages. — 2. Le même, *Die Philosophie und Gotteslehre des Jahjâ ibn ʿAdi und späterer Autoren* [Beiträge zur Geschichte der Philosophie des Mittelalters... Bd. VIII, Heft 7] Münster, Aschendorf, 1910, viii + 80 pages (D.L.Z., XXXII, 1565-1568).

541. *Traités inédits d'anciens philosophes arabes, musulmans et chrétiens. avec des traductions de traités grecs d'Aristote, de Platon et de Pythagore. par Ishâq Ibn Honein.* Publiés dans la revue Al Machriq par les Pères L. Malouf, C. Eddé et L. Cheikho, S. J., 2° éd. corrigée et augmentée, Beyrouth, Imprimerie catholique, 1911, 2 Bl. et 152 pages (D.L.Z., XXXII, 2585-2587).

542. Henry Stubbe, *An Account of the Rise and Progress of Mahometanism with the Life of Mahomet and a Vindication of him and his Religion from the Calumnies of the Christians.* From a manuscrit copied by Charles Hornby of Pipe Office, in 1705 «with some variations and additions». Edited with an Introduction and Appendix by Hafiz Mahmud Khan Shairani. London, Luzac and C°, 1911, xxi + 247 pages (D.L.Z., XXXII, 2851-2854).

543. Duncan Black Macdonald, *Aspects of Islam.* New York, The Macmillan Company, 1911, 375 pages (R.H.R., LXIV, 239-249).

544. Leszynsky, Rudolf, *Die Juden in Arabien zur Zeit Mohammeds.* Berlin, Mayer u. Müller, 1910, iii-116 pages (Th. L. Z., XXXVI, 298-299).

545. *Kitâb al-Fark bejna-l-firak wa-bajân al-firka al-nâgija minhum von Abū Manṣūr Abdalkâhir al-Bagdâdī;* herausgegeben von Muḥammad Badr. (Kairo, matbaʿat al-maʿārif 1328, 1910), 30 + 355 pages (Z.D.M.G., LXV, 349-363).

1912.

546. Jacob Guttmann, *Die philosophischen Lehren des Isaak ben Salomon Israeli.* [Beiträge zur Geschichte der Philosophie des Mittelalters... Bd. X, Heft 41]. Münster i. W., Archendorf, 1911, vii et 70 pages (D.L.Z., XXXIII, 21-23).

547. *Monuments of Arabic Philology,* by Paul Brönnle. Vol. I, II : Commentary on Ibn Hisham's Biography of Muhammad. Cairo, F. Diemer, Finck et Baylaender succ., 1911, 16 et 466 pages (D.L.Z., XXXIII, 1892, 1893).

548. *The Irshād al-Arīb ila Maʿrifat al-Adīb, or Dictionary of Learned Men of Yāqūt.* Edited by D. S. Margoliouth. D. Litt. Laudian Professor of Arabic in the University of Oxford, and printed for the trustees of the «E. I. W. Gibb Memorial» Vol. V, containing part of the letter ε. XII and 560 pages. Leyden, Brill; London, Luzac and Co., 1911 (J.R.A.S., 1912, 812-817).

549. Strothmann's, «*Staatsrecht der Zaiditen*». Strassburg, Trübner, 1912, XI and 109 pages. (Der Islam, III, 185-189).

550. Horten, *Die philosophischen Systeme der spekulativen Theologen im Islam, nach Originalquellen dargestellt.* Bonn, 1912, XIII + 666 pages. (A magyar philosophiai társaság közleményei, XI, 288, 289).

551. Seyyēd Ali Mohammed, dit Le Bab : *Le Béyan persan.* Traduit du persan par Cons. A.-L.-M. Nicolas. Tome I. Paris, Geuthner, 1911. XXXII, 148 pages (Th. L. Z., XXXVII).

552. Horten, Priv.-Doz. Dʳ M., *Die Gottesbeweise bei Schirâzi* (1640 †). Ein Beitrag zur Geschichte der Philosophie und Theologie im Islam. Aus dem Arabischen übersetzt und erläutert. Bonn, F. Cohen, 1912, 102 pages (Th. L. Z., XXXVII, 402, 403).

553. Leone Caëtani, *Studi di Storia Orientale.* Vol. I. Milano, Ulrico Hoepli, 1911, XV + 419 pages (Történeti Szemle, 1912, I, 106-114).

1913.

554. Constantin Sauter, *Avicennas Bearbeitung der aristotelischen Metaphysik.* Freiburg i. B., Herder, 1912, IX et 114 pages (D.L.Z., XXXIV, 858, 859).

555. Al-Ḥusejn, b Manṣūr al-Ḥallāǧ [compte rendu de Louis Massignon, *Kitâb al-Ṭawâsîn par ... al-Ḥallâj*, Paris, P. Geuthner, 1913, xxiv + 223 pages] (Der Islam, IV, 165-169).

556. Muir, Sir William, K.C.S.I., Ll. D., D.C.L., Ph. D. : *The Life oj Mohammad*, from original sources. A new and revised edition by T. H. Weir, B.D., M.R.A.S., Edinburgh, I. Grant, 1912, cxix, 556 pages (Th. L. Z., XXXVIII, 98, 99).

557. Güterbock, prof. Dr Carl, *Der Islam im Lichte der byzantinischen Polemik*. Berlin, Guttentag, 1912, 72 pages (Th. L. Z., XXXVIII, 143).

558. Harry Charles Lukach : *The Fringe of the East. A journey through past and present provinces of Turkey*, London, Macmillan and Co. 1913, xiii et 273 pages (Történeti Szemle, II,601-605).

559. *Al-Hidāja 'ilā Farā'iḍ al-Qulûb des Bachja ibn Jōsēf ibn Paqūda aus Andalusien*. Im arabischen Urtext zum ersten Male nach der Oxforder und Pariser Handschrift sowie den Petersburger Fragmenten herausgegeben von Dr A. S. Yahuda. Leiden, E. J. Brill, 1912, xxviii + 113 + 407 (arab.) pages (Z.D.M.G., LXVII, 529-538).

1914.

560. Marcel Cohen, *Le parler arabe des Juifs d'Alger* [Collection linguistique publiée par la Société de linguistique de Paris, 4]. Paris, H. Champion, 1912, xvii, 599 pages (D.L.Z., XXXV, 990-992).

561. *The Irshād al-Arîb ila' Ma'rifat al-Adîb, or Dictionary of Learned Men of Yāqūt*. Edited by S. D. Margolouth, D. Litt., Laudian Professor of Arabic in the University of Oxford, and printed for the trustees of the «E. J. W. Gibb Memorial». Vol. VI containing the last part of the letter ع to the first part of the letter ف. Leyden, Brill, London, Luzac and C°. 1913, 531 pages (J.R.A.S., 1914, 178-185).

562. Abellson I., M. A., D. Lit., *Jewish Mysticism*. London, G. Bell and Sons Ltd, 1913; ix, 184 pp.. Nicholson, Reynold A., *The Mystics of*

Islam. London, G. Bell and Sons Ltd., 1913, VI, 178 pages (Th. L. Z., XXXIX, 417-419).

563. *The Preaching of Islam, a History of the propagation of the Muslim Faith,* by T. W. Arnold, 2ᵈ edition revised and enlarged, London, Constable and Comp. Ltd., 1913, XVI + 467 pages (Történeti Szemle, IV, 384-386).

1915.

564. Richard Hartmann, *Al-Kuschairis Darstellung des Sûfîtums.* Mit Übersetzungs-Beilage und Indices. [Türkische Bibliothek, hgb. von Georg Jacob und Rudolf Tschudi. 18. Band.]. Berlin, Mayer und Müller, 1914, 229 S. mit einem Stammbauem (D.L.Z., XXXVI, 146-148).

565. *Fleischers Briefe an Hassler aus den Jahren 1823-1870.* Nach den Ulmer Originalen und mit Anmerkungen versehen, von C. F. Seybold. Tübingen, Mohr, 1914, XL et 78 pages (D.L.Z.. XXXVI, 602 605).

566. Edmond Doutté, *Missions au Maroc. — En Tribu.* Paris, Paul Geuthner, 1914, XL et 441 pages (D.L.Z., XXXVI, 1185-1187).

567. *Mesnevi oder Doppelverse des Scheich-Mewlana Dschelal ed-din Rumi,* aus dem Persischen übertragen von Georg Rosen, mit einer Einleitung von Friedrich Rosen (Meisterwerke oriental. Literaturen). München, Müller, 1913 (Nord und Süd, mai 1915, p. 247-250).

568. Canaan, Dʳ T., *Aberglaube u. Volksmedizin im Lande der Bibel* (Abhandlungen des hamb. Kolonialinstituts Bd. XX, Reihe B, Bd. 12) [XII, 153 pages]. Hamburg, L. Friedrichsen (Th. L.Z., XL, 363-365).

569. *Abû-Muhammed-ʿAli-Ibn-Hazm-al-Andalusî Tauk-al-hamâma,* publié d'après l'unique manuscrit de la Bibliothèque de Leide par D. K. Pétrof, professeur à l'Université impériale de Saint-Pétersbourg. Leide (E. J. Brill), 1914, XLIV + 162 (arab.) pages (Z.D.M.G., LXIX, 192-207).

1916.

570. Jacob Guttmann, *Die religionsphilosophischen Lehren des Isaak Abravanel.* Schriften hgb. von der Gesellschaft zur Förderung der Wissenschaft des Judentums. Breslau, Marcus 1916. xii+116 pages (D.L.Z., XXXVII, 1040, 1041).

571. Clemens Baeumker, *Alfarabi, über den Ursprung der Wissenschaften* (De ortu scientiarum). Eine mittelalterliche Einleitungsschrift in die philosophischen Wissenschaften [Beiträge zur Geschichte der Philosophie des Mittelalters. Texte und Untersuchungen. In Verbindung mit Georg Graf von Hertling, Franz Ehrle, Matthias Baumgartner und Martin Grabmann hrgb. von Clemens Baeumker, Bd. XIX, Heft 3]. Münster i. W., Aschendorff, 1916, 32 pages (D.L.Z., XXXVII, 1968, 1969).

572. *Saadia's Polemic against Ḥiwi al-Balkhī,* a fragment edited from a Genizah MS. by Israel Davidson. New York, 1915, 107 pages (Th. L.Z., XLI, 125, 126).

573. *Festschrift Eduard Sachau zum 70. Geburtstage gewidmet v. Freunden u. Schülern.* In deren Namen hrsg. v. Gotthold Weil. Berlin, G. Reimer, 1915, vii+463 pages (Th. L.Z., XLI, 194, 195).

1917.

574. A. J. Wensinck, *Some Semitic Rites of Mourning and Religion. Studies on their origin and mutual relation.* (Verhandelingen der Koninklijke Akademie der Wetenschapen te Amsterdam, afdeeling Letterkunde. N. R., Deel XVIII, n° 1). Amsterdam, Joh. Muller, 1917. (Museum. Maandblad voor Philologie en Geschiedenis. Leiden, xxv, 43-46.)

575. Josef Horovitz, *Bābā Ratan, the Saint of Bhatinda* [Journal of the Pānjāb Historical Society, vol. II, n° 2]. Lahore, The Pānjāb Historical Society, 1913, 21 pages (D.L.Z., XXXVIII, 174, 175).

576. Hans Bauer, *Über Intention, reine Absicht und Wahrhaftigkeit.* Das 37. Buch von al-Ġazālī's Hauptwerk übersetzt und erläutert [Islamische Ethik, nach den Originalquellen übs. u. erl., Heft I]. Halle, Niemeyer, 1916, xi+93 pages (D.L.Z., XXXVIII, 854-856).

577. Kohler, President Dʳ Kaufman : *Hebrew Union College and other Adresses.* Cincinnati, Art Publishing C°, 1916, ix, 336 pages (Th. L.Z., XLII, 123, 124).

578. *Mohammedan Theories of Finance with an Introduction to Mohammedan Law and a Bibliography,* by Nicolas P. Aghnides [Studies in History, Economics, and Public Law edited by the Faculty of Political Science of Columbia University, volume LXX, whole number 166]. New York, Columbia University, 1916, 54 pages in-8° (Z.D.M.G., LXXI, 438-444).

1918.

579. Hans Bauer, *Von der Ehe.* Das 12. Buch von Al-Ġazāli's Hauptwerk übersetzt und erläutert [Islamische Ethik nach den Originalquellen übersetzt und erläutert]. Halle, Niemeyer, 1917, x + 120 pages (Th. L.Z., XXXIX, 577, 578).

580. *Ein orientalischer Ritterroman* (Compte rendu de : Heller Bernát, *Az arab Antar-regény.* Összehasonlító irodalomtörténeti tanulmány. Budapest, 1918, vii + 396 pages) [Pester Lloyd du 18 mai 1918].

1919.

581. Wilhelm Jaenecke, *Die Grundprobleme des türkischen Strafrechts.* Eine rechtsvergleichende Darstellung. Berlin, I. Guttentag, 1918, x + 144 + li pages (D.L.Z., XL, 90, 91).

582. Horten M., *Die religiöse Gedankenwelt des Volkes im heutigen Islam* (XXVIII, iv, 406 pages), gr. in-8°. Halle u. S., M. Niemeyer, 1917 (Th.L.Z., XLIV, 25, 26).

583. Andrae, Tor, *Die Person Muhammeds in Lehre und Glauben seiner Gemeinde* (Archives d'études orientales, vol. 16) [iv, 401 pages], gr. in-8°. Upsala, 1918. Leipzig, O. Harrassowitz (Th. L.Z., XLIV, 194, 195).

1920.

584. *Bar Hebraeus's Book of the Dove together with some chapters from his Ethikon* translated by A. I. Wensinck. With an Introduction, Notes and Registers [De Goeje Fund n° 4]. Leiden, Brill, 1919, cxxxvi + 152 pages (D.L.Z., XXXXI, 332-334).

585. Heinrich Frick, *Ghazālis Selbstbiographie. Ein Vergleich mit Augustins Konfessionen* [Veröffentlichungen des Forschungsinstituts für vergleichende Religionsgeschichte an der Univ. Leipzig ... N° 3]. Leipzig, Hinrichs, 1919. 1 Bl. u. 84. S. (D.L.Z., XXXXl, 666, 667).

586. Ruska, Julius, *Griechische Planetendarstellungen in arabischen Steinbüchern.* Vorgelegt von C. Bezold (Sitzungsberichte der Heidelb. Akad. d. Wiss., Phil. hist Kl. Jahrg. 1919, 3. Abth.) [50 pages mit Abbildungen), gr. in-8°. Heidelberg, C. Winter. 1919 (Th. L.Z., XLV, n°ˢ 19-20).

587. Klappstein, Dr Paul, *Vier turkestanische Heilige, ein Beitrag zum Verständnis der islam. Mystik* (Türkische Bibliothek, 20 Bd.) [xxviii, 68 pages], in-8°. Berlin, Mayer und Müller, 1919 (Th. L.Z., XLV, 242, 243).

588. Gottschalk, D^r phil. Walter, *Das Gelübde nach älterer arabischer Auffassung* (viii, 185 pages), gr. in-8°. Berlin, Mayer und Müller, 1919 (Th. L.Z., XLV, 265, 266).

1921.

589. *Die Medizin bei den Arabern.* Compte rendu de : Edward G. Browne, *Arabian medicine.* Being the Fitzpatrick Lectures delivered at the College of Physicians in November 1919 and November 1920. Cambridge, University Press, 1921, vii + 138 pages (D.L.Z., XXXII, 593-597).

590. *Geschichte des Qorāns von Theodor Nöldeke.* Zweite Auflage bearbeitet von Friedrich Schwally. Erster Teil : Uber den Ursprung des Qorāns. Zweiter Teil : Die Sammlung des Qorāns. Leipzig, Dieterich, I, 1909, x + 261 pages; II, 1919. viii + 224 pages (Th. L.Z., XLVI, 224).

VI

CARTES GÉOGRAPHIQUES.

———

1896.

591. *A kalifatus* [Le Califat]. Budapest, Kogutowicz.

592. *A török birodalom legnagyobb kiterjedésében* [L'Empire turc dans sa plus grande étendue]. Budapest, Kogutowicz.

TABLE DES MATIÈRES.

QUATRIÈME SÉRIE (*SUITE*).

CINQUIÈME SÉRIE.

PUBLICATIONS

DE

L'ÉCOLE NATIONALE DES LANGUES ORIENTALES VIVANTES.

(SOCIÉTÉ DES ÉDITIONS ERNEST LEROUX, RUE BONAPARTE, 28.)

TROISIÈME SÉRIE.

QUATRIÈME SÉRIE.

(*Voir la suite au recto.*)